资治通鉴卷第一百三十四

宋纪十六 起柔兆执徐，尽著雍敦牂，凡三年。

苍梧王下

元徽四年（丙辰，公元四七六年）

春，正月，己亥，帝耕籍田，大赦。

二月，魏司空东郡王陆定国坐恃恩不法，免官爵为兵。

魏冯太后内行不正，以李奕之死怨显祖，密行鸩毒，夏，六月，辛未，显祖殂。壬申，大赦，改元承明。葬显祖于金陵，谥曰献文皇帝。

魏大司马、大将军代人万安国坐矫诏杀神部长奚买奴，赐死。

戊寅，魏以征西大将军、安乐王长乐为太尉，尚书左仆射、宜都王目辰为司徒，南部尚书李訢为司空。

尊皇太后曰太皇太后，复临朝称制。以冯熙为侍中、太师、中书监。熙自以外戚，固辞内任；乃除都督、洛州刺史，侍中、太师如故。

显祖神主祔太庙，有司奏庙中执事之官，请依故事皆赐爵。秘书令广平程骏上言：「建侯裂地，帝王所重，或以亲贤，或因功伐，未闻神主祔庙而百司受封者也。皇家故事，盖一时之恩，岂可为长世之法乎！」太后善而从之，谓群臣曰：「凡议事，当依古典正言，岂得但修故事而已！」赐骏衣一袭，帛二百匹。

太后性聪察，知书计，晓政事，被服俭素，膳羞减于故事什七八；而猜忍多权数。高祖性至孝，能承颜顺志。事无大小，皆仰成于太后。太后往往专决，不复关白于帝。所幸宦者高平王琚、安定张祐、杞嶷、冯翊王遇、略阳苻承祖、高阳王质，皆依势用事。祐官至尚书左仆射，爵新平王；琚官至征南将军，爵高平王；嶷等官亦至侍中、吏部尚书、刺史，爵为公、侯，赏赐巨万，赐铁券，许以不死。又，太卜令姑臧王睿得幸于太后，超迁至侍中、吏部尚书，爵太原公。秘书令李冲，虽以才进，亦由私宠，赏赐皆不可胜纪。又外礼人望东阳王丕、游明根等，皆极其优厚，每褒赏睿等，辄以丕等参之，以示不私。丕，烈帝之玄孙；冲，宝之子也。

太后自以失行，畏人议己，群下语言小涉疑忌，辄杀之。然所宠幸左右，苟有小过，必加笞箠，或至百馀；而无宿憾，寻复待之如初，或因此更富贵。故左右虽被罚，终无离心。

乙亥，加萧道成尚书左仆射，刘秉中书令。

杨运长、阮佃夫等忌建平王景素益甚，景素乃与录事参军陈郡殷沵、中兵参军略阳垣庆延、参军沈颙、左暄等谋为自全之计。遣人往来建康，要结才力之士，冠军将军黄

回、游击将军高道庆、辅国将军曹欣之、前军将军韩道清、长水校尉郭兰之、羽林监垣祗祖，皆阴与通谋；武人不得志者，无不归之。时帝好独出游走郊野，欣之谋据石头城，伺帝出作乱。道清、兰之欲说萧道成因帝夜出，执帝迎景素，道成不从者，即图之；景素每禁使缓之。杨、阮徽闻其事，遣伧人周天赐伪投景素，劝令举兵。景素知之，斩天赐首送台。

秋，七月，祗祖率数百人自建康奔京口，云京师已溃乱，劝令速入。景素信之，戊子，据京口起兵，士民赴之者以千数。杨、阮闻祗祖叛走，即命纂严。己丑，遣骁骑将军任农夫、领军将军黄回、左军将军兰陵李安民将步军，右军将军张保将水军，以讨之；辛卯，又命南豫州刺史段佛荣为都统。萧道成知黄回有异志，故使安民、佛荣与之偕行。回私戒其士卒：『道逢京口兵，勿得战。』道成屯玄武湖，冠军将军萧赜镇东府。

始安王伯融，都乡侯伯猷，皆建安王休仁之子也，杨、阮忌其年长，悉称诏赐死。

景素欲断竹里以拒台军。垣庆延、垣祗祖、沈颙皆曰：『今天时旱热，台军远来疲困，引之使至，以逸待劳，可一战而克。』殷沵等固争，不能得。农夫等既至，纵火烧市邑。庆延等各相顾望，莫有斗志；景素本乏威略，恇扰不知所为。黄回迫于段佛荣，且见京口军弱，遂不发。

张保泊西渚，景素左右勇士数十人，自相要结，进击水军。甲午，张保败死，而诸将不相应赴，复为台军所破。台军既薄城下，颙先帅众走，祗祖次之，其馀诸军相继奔退，独左暄与台军力战于万岁楼下；而所配兵力甚弱，不能敌而散。乙未，拔京口。黄回军先入，自以有誓不杀诸王，乃以景素让殿中将军张倪奴。倪奴擒景素，斩之，并其三子，同党垣祗祖等数十人皆伏诛。萧道成释黄回、高道庆不问，抚之如旧。是日，解严。丙申，大赦。

初，巴东建平蛮反，沈攸之遣军讨之。及景素反，攸之急追峡中军以赴建康。巴东太守刘攘兵、建平太守刘道欣疑攸之有异谋，勒兵断峡，不听军下。攘兵子天赐为荆州西曹，攸之遣天赐往谕之。攘兵知景素实反，乃释甲谢愆，攸之待之如故。刘道欣坚守建平，攘兵譬说不回，乃与伐蛮军攻斩之。

甲辰，魏主追尊其母李贵人曰思皇后。

八月，丁卯，立皇弟翙为南阳王，嵩为新兴王，禧为始建王。

庚午，以给事黄门侍郎阮佃夫为南豫州刺史，留镇京师。

九月，戊子，赐骁骑将军高道庆死。

冬，十月，辛酉，以吏部尚书王僧虔为尚书右仆射。

十一月，戊子，魏以太尉、安乐王长乐为定州刺史，司空李訢为徐州刺史。

顺皇帝

升明元年（丁巳，公元四七七年）

春，正月，乙酉朔，魏改元太和。

己酉，略阳民王元寿聚众五千馀家，自称冲天王；二月，辛未，魏秦、益二州刺史尉洛侯击破之。

三月，庚子，魏以东阳王丕为司徒。

夏，四月，丁卯，魏主如白登；壬申，如崞山。

初，苍梧王在东宫，好缘漆帐竿，去地丈馀；喜怒乖节，主帅不能禁。太宗屡敕陈太妃痛捶之。及即帝位，内畏太后、太妃，外惮诸大臣，未敢纵逸。自加元服，内外稍无以制，数出游行。始出宫，犹整仪卫。俄而弃车骑，帅左右数人，或出郊野，或入市廛。太妃每乘青犊车，随相检摄。既而轻骑远走一二十里，太妃不复能追；仪卫亦惧祸不敢追寻，唯整部伍，别在一处，瞻望而已。

初，太宗尝以陈太妃赐嬖人李道儿，已复迎还，生帝。故帝每微行，自称「刘统」，

或称「李将军」。常著小袴衫，营署巷陌，无不贯穿；或夜宿客舍，或昼卧道旁，排突厮养，与之交易，或遭慢辱，悦而受之。凡诸鄙事，裁衣、作帽，过目则能；未尝吹篪，执管便韵。及京口既平，骄恣尤甚，无日不出，夕去晨返，晨出暮归。从者并执铤矛，行人男女及犬马牛驴，逢无免者。民间扰惧，商贩皆息，门户昼闭，行人殆绝。针、椎、凿、锯，不离左右，小有忤意，即加屠剖，一日不杀，则惨然不乐；殿省忧惶，食息不保。阮佃夫与直阁将军申伯宗等谋因帝出江乘射雉，称太后令，唤队仗还，闭城门，遣人执帝废之，立安成王准。事觉，甲戌，帝收佃夫等杀之。

太后数训戒帝，帝不悦。会端午，太后赐帝毛扇。帝嫌其不华，令太医煮药，欲鸩太后。左右止之曰：「若行此事，官便应作孝子，岂复得出入狡狯！」帝曰：「汝语大有理！」乃止。

六月，甲戌，有告散骑常侍杜幼文、司徒左长史沈勃、游击将军孙超之与阮佃夫同谋者，帝登帅卫士，自掩三家，悉诛之，刳解脔割，婴孩不免。沈勃时居丧在庐，左右未至，帝挥刀独前。勃知不免，手搏帝耳，唾骂之曰：「汝罪逾桀、纣，屠戮无日。」遂死。是日，大赦。

帝尝直入领军府。时盛热，萧道成昼卧裸袒。帝立道成于室内，画腹为的，自引

满，将射之。道成敛版曰：「老臣无罪。」左右王天恩曰：「领军腹大，是佳射堋；一箭便死，后无复射；不如以骲箭射之。」帝乃更以骲箭射，正中其脐。投弓大笑曰：「此手何如！」帝忌道成威名，尝自磨鋋，曰：「明日杀萧道成！」陈太妃骂之曰：「萧道成有功于国，若害之，谁复为汝尽力邪！」帝乃止。

道成忧惧，密与袁粲、褚渊谋废立。粲曰：「主上幼年，微过易改。伊、霍之事，非季世所行；纵使功成，亦终无全地。」渊默然。领军功曹丹阳纪僧真言于道成曰：「今朝廷猖狂，人不自保；天下之望，不在袁、褚，明公岂得坐受夷灭！存亡之机，仰希熟虑。」道成然之。

或劝道成奔广陵起兵。道成世子赜，时为晋熙王长史，行郢州事，欲使赜将郢州兵东下会京口。道成密遣所亲刘僧副告其从兄行青、冀二州刺史刘善明曰：「人多见劝北固广陵，恐未为长算。今秋风行起，卿若能与垣东海微共动虏，则我诸计可立。」亦告东海太守垣荣祖。善明曰：「宋氏将亡，愚智共知，北虏若动，反为公患。公神武高世，唯当静以待之，因机奋发，功业自定，不可远去根本，自贻猖蹶。」荣祖亦曰：「领府去台百步，公走，人岂不知！若单骑轻行，广陵人闭门不受，公欲何之！公今动足下床，恐即有叩台门者，公事去矣。」纪僧真曰：「主上虽无道，国家累世之基犹为安固。公百口，北度必不得俱。纵得广陵城，天子居深宫，施号令，目公为逆，何以避之！此非万全策也。」道成族弟镇军长史顺之及次子骠骑从事中郎嶷，皆以为：「帝好单行道路，于此立计，易以成功；外州起兵，鲜有克捷，徒先人受祸耳。」道成乃止。

东中郎司马、行会稽郡事李安民欲奉江夏王跻起兵于东方，道成止之。

越骑校尉王敬则潜自结于道成，夜著青衣，扶匐道路，为道成听察帝之往来。道成命敬则阴结帝左右杨玉夫、杨万年、陈奉伯等一十五人，于殿中詗伺机便。

秋，七月，丁亥夜，帝微行至领军府门。左右曰：「一府皆眠，何不缘墙入？」帝曰：「我今夕欲于一处作适，宜待明夕。」员外郎桓康等于道成门间听闻之。

戊子，帝乘露车，与左右于台冈赌跳。仍往青园尼寺，晚，至新安寺偷狗，就昙度道人煮之。饮酒醉，还仁寿殿寝。杨玉夫常得帝意，至是忽憎之，见辄切齿曰：「明日当杀小子，取肝肺！」是夜，令玉夫伺织女渡河，曰：「见当报我；不见，将杀汝！」时帝出入无常，省内诸阁，夜皆不闭，厢下畏相逢值，无敢出者；宿卫并逃避，内外莫相禁摄。是夕，王敬则出外。玉夫伺帝熟寝，与杨万年取帝防身刀刎之。敕厢下奏伎陈奉伯袖其首，依常行法，称敕开承明门出，以首与敬则。敬则驰诣领军府，叩门大呼，萧道成虑苍梧王诳之，不敢开门。敬则于墙上投其首，道成洗视，乃戎服乘马而出，敬

则、桓康等皆从。入官，至承明门，诈为行还。敬则恐内人觇见，以刀环塞窒孔，呼门甚急，门开而入。他夕，苍梧王每开门，门者震慑，不敢仰视，至是弗之疑。道成入殿，殿中惊怖。既而闻苍梧王死，咸称万岁。

己丑旦，道成戎服出殿庭槐树下，以太后令召袁粲、褚渊、刘秉入会议。道成谓秉曰：『此使君家事，何以断之？』秉未答。道成须髯尽张，目光如电。秉曰：『尚书众事，可以见付；军旅处分，一委领军。』道成次让袁粲，粲亦不敢当。王敬则拔白刃，在床侧跳跃曰：『天下事皆应关萧公！敢有开一言者，血染敬则刀！』仍手取白纱帽加道成首，令即位，曰：『今日谁敢复动！事须及热！』道成正色呵之曰：『卿都自不解！』粲欲有言，敬则叱之，乃止。褚渊曰：『非萧公无以了此。』手取事授道成。道成曰：『相与不肯，我安得辞！』乃下议，备法驾诣东城，迎立安成王。于是长刀遮粲、秉等，各失色而去。秉出，于路逢从弟韫，韫开车迎问曰：『今日之事，当归兄邪？』秉曰：『吾等已让领军矣。』韫拊膺曰：『兄肉中讵有血邪！今年族矣！』

是日，以太后令，数苍梧王罪恶，曰：『吾密令萧领军潜运明略。安成王准，宜临万国。』追封昱为苍梧王。仪卫至东府门，安成王令门者勿开，以待袁司徒。粲至，王乃入居朝堂。壬辰，王即皇帝位，时年十一。改元，大赦。葬苍梧王于郊坛西。

魏京兆康王子推卒。

甲午，萧道成出镇东府。丙申，以道成为司空、录尚书事、骠骑大将军；袁粲迁中书监；褚渊加开府仪同三司；刘秉迁尚书令，加中领军；以晋熙王燮为扬州刺史。刘秉始谓尚书万机，本以宗室居之，则天下无变；既而萧道成兼总军国，布置心膂，与夺自专，褚渊素相凭附，秉与袁粲阁手仰成矣。辛丑，以尚书右仆射王僧虔为仆射。丙午，以武陵王赞为郢州刺史；萧道成改领南徐州刺史。

八月，壬子，魏大赦。

癸亥，诏袁粲镇石头。粲性冲静，每有朝命，常固辞；逼切不得已，乃就职。至是知萧道成有不臣之志，阴欲图之，即时顺命。

初，太宗使陈昭华母养顺帝；戊辰，尊昭华为皇太妃。

丙子，魏诏曰：『工商皂隶，各有厥分；而有司纵滥，或染流俗。自今户内有土役者，唯止本部丞；若有勋劳者，不从此制。』

萧道成固让司空；庚辰，以为骠骑大将军、开府仪同三司。

九月，乙酉，魏更定律令。

戊申，封杨玉夫等二十五人为侯、伯、子、男。

冬，十月，氐帅杨文度遣其弟文弘袭魏仇池，陷之。

初，魏徐州刺史李䜣，事显祖为仓部尚书，信用卢奴令范檦。䜣弟左将军瑛谏曰：「檦能降人以色，假人以财，轻德义而重势利；听其言也甘，察其行也贼，不早绝之，后悔无及。」䜣不从，腹心之事，皆以语檦。

尚书赵黑，与䜣皆有宠于显祖，对掌选部。䜣以其私用人为方州，黑对显祖发之，由是有隙。顷之，䜣发黑前为监藏，盗用官物，黑坐黜为门士。黑恨之，寝食为之衰少；逾年，复入为侍中、尚书左仆射，领选。

及显祖殂，黑白冯太后，称䜣专恣，出为徐州。范檦知太后怨䜣，乃告䜣谋外叛。太后征䜣至平城问状，䜣对无之，太后引檦使证之。䜣谓檦曰：「汝今诬我，我复何言！然汝受我恩如此之厚，乃忍为尔乎！」檦曰：「檦受公恩，何如公受李敷恩！公忍为之于敷，檦何为不忍于公！」䜣慨然叹曰：「吾不用瑛言，悔之何及！」赵黑复于中构成其罪，丙子，诛䜣及其子令和、令度；黑然后寝食如故。

十一月，癸未，魏征西将军皮欢喜等三将军率众四万击杨文弘。

丁亥，魏怀州民伊祁苟自称尧后，聚众于重山作乱；洛州刺史冯熙讨灭之。冯太后欲尽诛阖城之民，雍州刺史张白泽谏曰：「凶渠逆党，尽已枭夷；城中岂无忠良仁信之士，奈何不问白黑，一切诛之！」乃止。

十二月，魏皮欢喜军至建安，杨文弘弃城走。

初，沈攸之与萧道成于大明、景和之间同直殿省，深相亲善，道成女为攸之子中书侍郎文和妇。攸之在荆州，直阁将军高道庆，家在华容，假还，过江陵，与攸之争戏槊。驰还建康。言攸之反状已成，请以三千人袭之。执政皆以为不可，道成仍保证其不然。杨运长等恶攸之，密与道庆谋遣刺客杀攸之，不克。会苍梧王遇弑，主簿宗俨之、功曹臧寅劝攸之因此起兵。攸之以其长子元琰在建康为司徒左长史，故未发。寅，凝之之子也。

时杨运长等已不在内，萧道成遣元琰以苍梧王刳斫之具示攸之。攸之以道成名位素出己下，一旦专制朝权，心不平，谓元琰曰：「吾宁为王凌死，不为贾充生。」然亦未暇举兵。乃上表称庆，因留元琰。

雍州刺史张敬儿，素与攸之司马刘攘兵善，疑攸之将起事，密以问攘兵。攘兵无所言，寄敬儿马镫一只，敬儿乃为之备。

攸之有素书十数行，常韬在裲裆角，云是明帝与己约誓。攸之将举兵，其妾崔氏谏曰：「官年已老，那不为百口计！」攸之指裲裆角示之，且称太后使至，赐攸之烛，割

之，得太后手令云：『社稷之事，一以委公。』于是勒兵移檄，遣使邀张敬儿及豫州刺史刘怀珍、梁州刺史梓潼范柏年、司州刺史姚道和、湘州行事庾佩玉、巴陵内史王文和同举兵。敬儿、怀珍、文和并斩其使，驰表以闻；文和寻弃州奔夏口。柏年、道和、佩玉皆怀两端。道和，后秦高祖之孙也。

辛酉，攸之遣辅国将军孙同等相继东下。攸之遗道成书，以为：『少帝昏狂，宜与诸公密议，共白太后，下令废之；奈何交结左右，亲行弑逆，乃至不殡，流虫在户？凡在臣下，谁不惋骇！又，移易朝旧，布置亲党，宫阁管籥，悉关家人。吾不知子孟、孔明遗训固如此乎！足下既有贼宋之心，吾宁敢捐包胥之节邪！』朝廷闻之，恟惧。

丁卯，道成入守朝堂，命侍中萧嶷代镇东府，抚军行参军萧映镇京口。映，嶷之弟也。戊辰，内外纂严。己巳，以郢州刺史武陵王赞为荆州刺史。庚午，以右卫将军黄回为郢州刺史，督前锋诸军以讨攸之。

初，道成以世子赜为晋熙王燮长史，行郢州事，修治器械以备攸之。及征燮为扬州，以赜为左卫将军，与燮俱下。刘怀珍言于道成曰：『夏口冲要，宜得其人。』道成与赜书曰：『汝既入朝，当须文武兼资与汝意合者，委以后事。』赜乃荐燮司马柳世隆自代。道成以世隆为武陵王赞长史，行郢州事。赜将行，谓世隆曰：『攸之一旦为变，焚夏口舟舰，沿流而东，不可制也。若得攸之留攻郢城，必未能猝拔。君为其内，我为其外，破之必矣。』及攸之起兵，赜行至寻阳，未得朝廷处分，众欲倍道趋建康，赜曰：『寻阳地居中流，密迩畿甸。若留屯湓口，内藩朝廷，外援夏首，保据形胜，控制西南，今日会此，天所置也。』或以为湓口城小难固，左中郎将周山图曰：『今据中流，为四方势援，不可以小事难之；苟众心齐一，江山皆城隍也。』庚午，赜奉燮镇湓口；赜悉以事委山图。山图断取行旅船板以造楼橹，立水栅，旬日皆办。道成闻之，喜曰：『赜真我子也！』以赜为西讨都督。赜启山图为军副。时江州刺史邵陵王友镇寻阳，赜以为寻阳城不足固，表移友同镇湓口，留江州别驾豫章胡谐之守寻阳。

湘州刺史王蕴遭母丧罢归，至巴陵，与沈攸之深相结。时攸之未举兵，蕴过郢州，欲因萧赜出吊作难，据郢城。赜知之，不出。还，至东府，又欲因萧道成出吊作难，道成又不出。蕴乃与袁粲、刘秉密谋诛道成，将帅黄回、任候伯、孙昙瓘、王宜兴、卜伯兴等皆与通谋。伯兴，天与之子也。

道成初闻攸之事起，自往诣粲，粲辞不见。通直郎袁达谓粲『不宜示异同』，粲曰：『彼若以主幼时艰，与桂阳时不异，劫我入台，我何辞以拒之！一朝同止，欲异得乎！』道成乃召褚渊，与之连席，每事必引渊共之。时刘韫为领军将军，入直门下省；

卜伯兴为直阁，黄回等诸将皆出屯新亭。

初，褚渊为卫将军，遭母忧去职，朝廷敦迫，不起。粲素有重名，自往譬说，渊乃从之。及粲为尚书令，遭母忧，渊譬说恳至，粲遂不起，渊由是恨之。及沈攸之事起，道成与渊议之。渊曰：「西夏衅难，事必无成，公当先备其内耳。」粲谋既定，将以告渊；众谓渊与道成素善，不可告。粲曰：「渊与彼虽善，岂容大作同异！今若不告，事定便应除之。」乃以谋告渊，渊即以告道成。

道成亦先闻其谋，遣军主苏烈、薛渊、太原王天生将兵助粲守石头。薛渊固辞，道成强之，渊不得已，涕泣拜辞。道成曰：「卿近在石头，日夕去来，何悲如是，且又何辞？」渊曰：「不审公能保袁公共为一家否？今渊往，与之同则负公，不同则立受祸，何得不悲！」道成曰：「所以遣卿，正为能尽临事之宜，使我无西顾之忧耳。但当努力，无所多言。」渊，安都之从子也。道成又以骁骑将军王敬则为直阁，与伯兴共总禁兵。

粲谋矫太后令，使韫、伯兴帅宿卫兵攻道成于朝堂，回等帅所领为应。刘秉、任候伯等并赴石头，本期壬申夜发，秉恇扰不知所为，晡后即束装；临去，啜羹，写胸上，手振不自禁。未暗，载妇女，尽室奔石头，部曲数百，赫奕满道。既至，见粲，粲惊曰：「何事遽来？今败矣！」秉曰：「得见公，万死何恨！」孙昙瓘闻之，亦奔石头。丹阳丞王逊等走告道成，事乃大露。逊，僧绰之子也。

道成密使人告王敬则。时阁已闭，敬则欲开阁出，卜伯兴严兵为备，敬则乃锯所止屋壁，得出，至中书省收韫。韫已成严，列烛自照。见敬则猝至，惊起迎之，曰：「兄何能夜顾？」敬则呵之曰：「小子那敢作贼！」韫抱敬则，敬则拳殴其颊仆地而杀之，又杀伯兴。苏烈等据仓城拒粲。王蕴闻秉已走，叹曰：「事不成矣！」狼狈帅部曲数百向石头。本期开南门，时暗夜，薛渊据门射之。蕴谓粲已败，即散走。

道成遣军主会稽戴僧静帅数百人向石头助烈等，自仓门得入，与之并力攻粲。孙昙瓘骁勇善战，台军死者百馀人。王天生殊死战，故得相持。自亥至丑，戴僧静分兵攻府西门，焚之，粲与秉在城东门，见火起，欲还赴府。秉与二子俣、陔逾城走。粲下城，烈烛自照，谓其子最曰：「本知一木不能止大厦之崩，但以名义至此耳。」僧静乘暗逾城独进，最觉有异人，以身卫粲，僧静直前斫之。粲谓最曰：「我不失忠臣，汝不失孝子！」遂父子俱死。百姓哀之，为之谣曰：「可怜石头城，宁为袁粲死，不作褚渊生！」刘秉父子走至额檐湖，追执，斩之。任候伯等并乘船赴石头，既至，台军已集，不得入，乃驰还。

黄回严兵，期诘旦帅所领从御道直向台门攻道成。闻事泄，不敢发。道成抚之如旧。王蕴、孙昙瓘皆逃窜，先捕得蕴，斩之，其馀粲党皆无所问。

粲典签莫嗣祖为粲、秉宣通密谋，道成召诘之曰：「袁粲谋反，何不启闻？」嗣祖曰：「小人无识，但知报恩，何敢泄其大事！今袁公已死，义不求生。」蕴嬖人张承伯藏匿蕴，道成并赦而用之。

粲简淡平素，而无经世之才；好饮酒，喜吟讽，身居剧任，不肯当事；主事每往咨决，或高咏对之。闲居高卧，门无杂宾，物情不接，故及于败。

裴子野论曰：袁景倩，民望国华，受付托之重；智不足以除奸，权不足以处变，萧条散落，危而不扶。及九鼎既轻，三才将换，区区斗城之里，出万死而不辞，盖蹈匹夫之节，而无栋梁之具矣！

甲戌，大赦。

乙亥，以尚书仆射王僧虔为左仆射，新除中书令王延之为右仆射，度支尚书张岱为吏部尚书，吏部尚书王奂为丹阳尹。延之，裕之孙也。

刘秉弟遐为吴郡太守。司徒右长史张瓌，永之子也，遭父丧在吴，家素豪盛，萧道成使瓌伺间取遐。会遐召瓌诣府，瓌帅部曲十馀人直入斋中，执遐，斩之，郡中莫敢动。道成闻之，以告瓌从父领军冲，冲曰：「瓌以百口一掷，出手得卢矣。」道成即以瓌为吴郡太守。

道成移屯阅武堂，犹以重兵付黄回使西上，而配以腹心。回素与王宜兴不协，恐宜兴反告其谋，闰月，辛巳，因事收宜兴，斩之。诸将皆言回握强兵必反，宁朔将军桓康请独往刺之，道成曰：「卿等何疑！彼无能为也。」

沈攸之遣中兵参军孙同等五将以三万人为前驱，司马刘攘兵等五将以二万人次之；又遣中兵参军王灵秀等四将分兵出夏口，据鲁山。癸巳，攸之至夏口，自恃兵强，有骄色。以郢城弱小，不足攻，云「欲问讯安西」，暂泊黄金浦，遣人告柳世隆曰：「被太后令，当暂还都。卿既相与奉国，想得此意。」世隆曰：「东下之师，久承声问。郢城小镇，自守而已。」宗俨之劝攸之攻郢城；臧寅以为：「郢城兵虽少而地险，攻守势异，非旬日可拔。若不时举，挫锐损威。今顺流长驱，计日可捷。既倾根本，则郢城岂能自固！」攸之从其计，欲留偏师守郢城，自将大众东下。乙未，将发，柳世隆遣人于西渚挑战，前军中兵参军焦度于城楼上肆言骂攸之，且秽辱之。攸之怒，改计攻城，令诸军登岸烧郭邑，筑长围，昼夜攻战。世隆随宜拒应，攸之不能克。

道成命吴兴太守沈文秀督吴、钱唐军事。文秀收攸之之弟新安太守登之，诛其宗族。

乙未，以后军将军杨运长为宣城太守；于是太宗嬖臣无在禁省者矣。

沈约论曰：夫人君南面，九重奥绝，陪奉朝夕，义隔卿士，阶闼之任，宜有司存。既而恩以狎生，信由恩固，无可惮之姿，有易亲之色。孝建、泰始，主威独运，而刑政纠杂，理难遍通，耳目所寄，事归近习。及觇欢愠，候惨舒，动中主情，举无谬旨；人主谓其身卑位薄，以为权不得重。曾不知鼠凭社贵，狐藉虎威，外无逼主之嫌，内有专用之效，势倾天下，未之或悟。及太宗晚运，虑经盛衰，权幸之徒，慑惮宗戚，欲使幼主孤立，永窃国权，构造同异，兴树祸隙，帝弟宗王，相继屠剿，宝祚夙倾，实由于此矣。

辛丑，尚书左丞济阳江谧建议假萧道成黄钺，从之。

加北秦州刺史武都王杨文度都督北秦、雍二州诸军事，以龙骧将军杨文弘为略阳太守。壬寅，魏皮欢喜拔葭芦，斩文度。魏以杨难当族弟广香为阴平公、葭芦戍主，用诏欢喜筑骆谷城。文弘奉表谢罪于魏，遣子苟奴入侍。魏以文弘为南秦州刺史、武都王。

乙巳，萧道成出顿新亭，谓骠骑参军江淹曰：「天下纷纷，君谓何如？」淹曰：「成败在德，不在众寡。公雄武有奇略，一胜也；宽容而仁恕，二胜也；贤能毕力，三胜也；民望所归，四胜也；奉天子以伐叛逆，五胜也。彼志锐而器小，一败也；有威而无恩，二败也；士卒解体，三败也；搢绅不怀，四败也；悬兵数千里，而无同恶相济，五败也。虽豺狼十万，终为我获。」道成笑曰：「君谈过矣！」南徐州行事刘善明言于道成曰：「攸之收众聚骑，造舟治械，苞藏祸心，于今十年。性既险躁，才非持重；而起逆累旬，迟回不进。一则暗于兵机，二则人情离怨，三则有掣肘之患，四则天夺其魄。本虑其剽勇轻速，掩袭未备，决于一战；今六师齐奋，诸侯同举，此笼中之鸟耳！」萧赜问攸之于周山图，山图曰：「攸之相与邻乡，数共征伐，颇悉其为人，性度险刻，士心不附，今顿兵坚城之下，适所以为离散之渐耳。」

二年（戊午，公元四七八年）

春，正月，己酉朔，百官戎服入朝。

沈攸之尽锐攻郢城，柳世隆乘间屡破之。萧赜遣军主桓敬等八军据西塞，为世隆声援。

攸之获郢府法曹南乡范云，使送书入城，饷武陵王赞犊一羫，柳世隆鱼三十尾，皆去其首。城中欲杀之，云曰：「老母弱弟，悬命沈氏，若违其命，祸必及亲；今日就戮，甘心如荠。」乃赦之。

攸之遣其将皇甫仲贤向武昌，中兵参军公孙方平向西阳。武昌太守臧涣降于攸之，

西阳太守王钺奔湓城。方平据西阳，豫州刺史刘怀珍遣建宁太守张谟等，将万人击之。辛酉，方平败走。平西将军黄回等军至西阳，溯流而进。

攸之素失人情，但劫以威力。初发江陵，已有逃者；及攻郢城，三十馀日不拔，逃者稍多；攸之日夕乘马历营抚慰，而去者不息。攸之大怒，召诸军主曰：「我被太后令，建义下都。大事若克，白纱帽共著耳；如其不振，朝廷自诛我百口，不关馀人。比军人叛散，皆卿等不以为意。我亦不能问叛身，自今军中有叛者，军主任其罪。」于是一人叛，遣人追之，亦去不返，莫敢发觉，咸有异计。

刘攘兵射书入城请降，柳世隆开门纳之；丁卯夜，攘兵烧营而去。军中见火起，争弃甲走，将帅不能禁。攸之闻之，怒，衔须咀之，收攘兵兄子天赐、女婿张平虏，斩之。向旦，攸之帅众过江，至鲁山，军遂大散，诸将皆走。臧寅曰：「幸其成而弃其败，吾不忍为也！」乃投水死。攸之犹有数十骑自随，宣令军中曰：「荆州城中大有钱，可相与还，取以为资粮。」郢城未有追军，而散军畏蛮抄，更相聚结，可二万人，随攸之还江陵。

张敬儿既斩攸之使者，即勒兵；侦攸之下，遂袭江陵。攸之使子元琰与兼长史江乂、别驾傅宣共守江陵城。敬儿至沙桥，观望未进。城中夜闻鹤唳，谓为军来，乂、宣开门出走，吏民崩溃。元琰奔宠洲，为人所杀。敬儿至江陵，诛攸之二子、四孙。

攸之将至江陵百馀里，闻城已为敬儿所据，士卒随之者皆散。

攸之无所归，与其子文和走至华容界，皆缢于栎林；己巳，村民斩首送江陵。敬儿擎之以楯，覆以青缴，徇诸市郭，乃送建康。敬儿诛攸之亲党，收其财物数十万，皆以入私。

初，仓曹参军金城边荣，为府录事所辱，攸之为荣鞭杀录事。及敬儿将至，荣为留府司马，或说之使诣敬儿降，荣曰：「受沈公厚恩，共如此大事，一朝缓急，便易本心，吾不能也！」城溃，军士执以见敬儿，敬儿曰：「边公何不早来！」荣曰：「沈公见留守城，不忍委去；本不祈生，何须见问！」敬儿曰：「死何难得！」命斩之。荣欢笑而去。荣客太山程邕之抱荣曰：「与边公周游，不忍见边公死，乞先见杀。」兵人不得行戮，以白敬儿，敬儿曰：「求死甚易，何为不许！」先杀邕之，然后及荣，军人莫不垂泣。孙同、宗俨之等皆伏诛。

丙子，解严，以侍中柳世隆为尚书右仆射，萧道成还镇东府。丁丑，以左卫将军萧赜为江州刺史，侍中萧嶷为中领军。二月，庚辰，以尚书左仆射王僧虔为尚书令，右仆射王延之为左仆射。癸未，加萧道成太尉、都督南徐等十六州诸军事，以卫将军褚渊为

中书监、司空。道成表送黄钺。

吏部郎王俭，僧绰之子也，神彩渊旷，好学博闻，少有宰相之志，时论亦推许之。道成以俭为太尉右长史，待遇隆密，事无大小专委之。

丁亥，魏主如代汤泉；癸卯，还。

宕昌王弥机初立。三月，丙子，魏遣使拜弥机征南大将军、梁、益二州牧、河南公、宕昌王。

黄回不乐在郢州，固求南兖，遂帅部曲辄还；辛卯，改都督南兖等五州诸军事、南兖州刺史。

初，王蕴去湘州，湘州刺史南阳王翙未之镇，长沙内史庾佩玉行府事。翙先遣中兵参军韩幼宗将兵戍湘州，与佩玉不相能。及沈攸之反，两人互相疑，佩玉袭杀幼宗。黄回至郢州，遣辅国将军任候伯行湘州事；候伯辄杀佩玉，冀以自免。湘州刺史吕安国之镇，萧道成使安国诛候伯。

夏，四月，甲申，魏主如崞山；丁亥，还。

萧道成以黄回终为祸乱；回有部曲数千人，欲遣收，恐为乱。辛卯，召回入东府。至，停外斋，使桓康将数十人，数回罪而杀之，并其子竟陵相僧念。

甲午，以淮南、宣城二郡太守萧映行南兖州事，仍以其弟晃代之。

五月，魏禁皇族、贵戚及士民之家不顾氏族，下与非类婚偶；犯者以违制论。

魏主与太后临虎圈，有虎逸，登阁道，几至御座，侍卫皆惊靡；吏部尚书王叡执戟御之，太后称以为忠，亲任愈重。

六月，丁酉，以辅国将军杨文弘为北秦州刺史、武都王。

庚子，魏皇叔若卒。

萧道成以大明以来，公私奢侈，秋，八月，奏罢御府，省二尚方雕饰器玩；辛卯，又奏禁民间华伪杂物，凡十七条。

乙未，以萧赜为领军将军，萧嶷为江州刺史。

九月，乙巳朔，日有食之。

萧道成欲引时贤参赞大业，夜，召骠骑长史谢朏，屏人与语，久之，朏无言；唯二小儿捉烛，道成虑朏难之，仍取烛遣儿，朏又无言；道成乃呼左右。朏，庄之子也。

太尉右长史王俭知其指，他日，请间言于道成曰：「功高不赏，古今非一。以公今日位地，欲终北面，可乎？」道成正色裁之，而神采内和。俭因曰：「俭蒙公殊盼，所以吐所难吐；何赐拒之深！宋氏失德，非公岂复宁济！但人情浇薄，不能持久；公若小实推迁，则人望去矣。岂唯大业永沦，七尺亦不可得保。”道成曰：“卿言不无理。”俭曰：“公今名位，故是经常宰相，宜礼绝群后，微示变革。当先令褚公知之，俭请衔命。”道成曰：“我当自往。”经少日，道成自造渊，款言移晷，乃谓曰：“我梦应得官。”渊曰：“今授始尔，恐一二年间未容便移；且吉梦未必应在旦夕。”道成还，以告俭。俭曰：“褚是未达理耳。”俭乃唱议加道成太傅，假黄钺，使中书舍人虞整作诏。道成所亲任遐曰：“此大事，应报褚公。”道成曰：“褚公不从，奈何？”遐曰：“彦回惜身保妻子，非有奇才异节，遐能制之。”渊果无违异。

丙午，诏进道成假黄钺、大都督中外诸军事、太傅、领扬州牧，剑履上殿，入朝不趋，赞拜不名，仍持节、太尉、骠骑大将军、录尚书、南徐州刺史如故。道成固辞礼。

以扬州刺史晋熙王燮为司徒。

戊申，太傅道成以萧映为南兖州刺史。冬，十月，丁丑，以萧晃为豫州刺史。

己卯，获孙昙瓘，杀之。

魏员外散骑常侍郑羲来聘。

壬寅，立皇后谢氏。后，庄之孙也。

十一月，癸亥，临澧侯刘晃坐谋反，与其党皆伏诛。晃，秉之从子也。

甲子，以南阳王翙为随郡王。

魏冯太后忌青州刺史南郡王李惠，诬云惠将南叛，十二月，癸巳，诛惠及妻并其子弟。太后以猜嫌所夷灭者十余家，而惠所历皆有善政，魏人冤惜之。

尚书令王僧虔奏以“朝廷礼乐，多违正典。大明中即以宫县合和鞞拂，节数虽会，虑乖雅体。又，今之清商，实由铜爵，三祖风流，遗音盈耳，京、洛相高，江左弥贵。中庸和雅，莫近于斯。而情变听移，稍复销落，十数年间，亡者将半。民间竞造新声杂曲，烦淫无极，宜命有司务加补缀。”朝廷从之。

是岁，魏怀州刺史高允以老疾告归乡里，寻复以安车征至平城，拜镇军大将军、中书监；固辞，不许。乘车入殿，朝贺不拜。

资治通鉴卷第一百三十五

齐纪一 起屠维协洽，尽昭阳大渊献，凡五年。

太祖高皇帝

建元元年（己未，公元四七九年）

春，正月，甲辰，以江州刺史萧嶷为都督荆、湘等八州诸军事、荆州刺史，尚书左仆射王延之为江州刺史，安南长史萧子良为督会稽等五郡诸军事、会稽太守。

初，沈攸之欲聚众，开民相告，士民坐执役者甚众。嶷至镇，一日罢遣三千馀人。府州仪物，务存俭约，轻刑薄敛，所部大悦。

辛亥，以竟陵世子赜为尚书仆射，进号中军大将军、开府仪同三司。

太傅道成以谢朏有重名，必欲引参佐命，以为左长史。尝置酒与论魏、晋故事，因曰：『石苞不早劝晋文，死方恸哭，方之冯异，非知机也。』朏曰：『晋文世事魏室，必将身终北面；借使魏依唐、虞故事，亦当三让弥高。』道成不悦。甲寅，以朏为侍中，更以王俭为左长史。

丙辰，以给事黄门侍郎萧长懋为雍州刺史。

二月，丙子，邵陵殇王友卒。

辛巳，魏太皇太后及魏主如代郡温泉。

甲午，诏申前命，命太傅赞拜不名。

己亥，魏太皇太后及魏主如西宫。

三月，癸卯朔，日有食之。

甲辰，以太傅为相国，总百揆，封十郡，为齐公，加九锡；其骠骑大将军、扬州牧、南徐州刺史如故。乙巳，诏齐国官爵礼仪，并仿天朝。丙午，以世子赜领南豫州刺史。

杨运长去宣城郡还家，齐公遣人杀之。凌源令潘智与运长厚善；临川王绰，义庆之孙也。绰遣腹心陈谦说智曰：『君先帝旧人，身是宗室近属，如此形势，岂得久全！若招合内外，计多有从者。台城内人常有此心，苦无人建意耳！』智即以告齐公。庚戌，诛绰兄弟及其党与。

甲寅，齐公受策命，赦其境内，以石头为世子官，一如东宫。褚渊引何曾自魏司徒为晋丞相故事，求为齐官，齐公不许。以王俭为齐尚书右仆射，领吏部；俭时年二十八。

甲戌，武陵王赞卒，非疾也。

丙戌，加齐王殊礼，进世子为太子。

辛卯，宋顺帝下诏禅位于齐。壬辰，帝当临轩，不肯出，逃于佛盖之下，王敬则勒兵殿庭，以板舆入迎帝。太后惧，自帅阉人索得之，敬则启譬令出，引令升车。帝收泪谓敬则曰：『欲见杀乎？』敬则曰：『出居别宫耳。官先取司马家亦如此。』帝泣而弹指曰：『愿后身世世勿复生天王家！』宫中皆哭。帝拍敬则手曰：『必无过虑，当饷辅国十万钱。』是日，百僚陪位。侍中谢朏在直，当解玺绶，阳为不知，曰：『有何公事？』传诏云：『解玺绶授齐王。』朏曰：『齐自应有侍中。』乃引枕卧。传诏惧，使朏称疾，欲取兼人，朏曰：『我无疾，何所道！』遂朝服步出东掖门，仍登车还宅。乃以王俭为侍中，解玺绶。礼毕，帝乘画轮车，出东掖门就东邸，问：『今日何不奏鼓吹？』左右莫有应者。右光禄大夫王琨，华之从父弟也，在晋世已为郎中，至是，攀车獭尾恸哭曰：『人以寿为欢，老臣以寿为戚。既不能先驱蝼蚁，乃复频见此事！』呜咽不自胜，百官雨泣。

司空兼太保褚渊等奉玺绶，帅百官诣齐宫劝进；王辞让未受。渊从弟前安成太守炤谓渊子贲曰：『司空今日何在？』贲曰：『奉玺绶在齐大司马门。』炤曰：『不知汝家司空将一家物与一家，亦复何谓！』甲午，王即皇帝位于南郊。还宫，大赦，改元。奉宋顺帝为汝阴王，优崇之礼，皆仿宋初。筑宫丹杨，置兵守卫之。宋神主迁汝阴庙，诸王皆降为公；自非宣力齐室，馀皆除国，独置南康、华容、萍乡三国，以奉刘穆之、王弘、何无忌之后，除国者凡百二十人。二台官僚，依任摄职，名号不同、员限盈长者，别更详议。

以褚渊为司徒。宾客贺者满座，褚炤叹曰：『彦回少立名行，何意披猖至此！门户不幸，乃复有今日之拜。使彦回作中书郎而死，不当为一名士邪！名德不昌，乃复有期颐之寿！』渊固辞不拜。

奉朝请河东裴顗上表，数帝过恶，挂冠径去；帝怒，杀之。太子赜请杀谢朏，帝曰：『杀之遂成其名，正应容之度外耳。』久之，因事废于家。

帝问为政于前抚军行参军沛国刘瓛，对曰：『政在《孝经》。凡宋氏所以亡，陛下所以得者，皆是也。陛下若戒前车之失，加之以宽厚，虽危可安；若循其覆辙，虽安必危矣！』帝叹曰：『儒者之言，可宝万世！』

丙申，魏主如崞山。

丁酉，以太子詹事张绪为中书令，齐国左卫将军陈显达为中护军，右卫将军李安民为中领军。绪，岱之兄子也。

戊戌，以荆州刺史嶷为尚书令、骠骑大将军、开府仪同三司、扬州刺史，南兖州刺史映为荆州刺史。帝命群臣各言得失。淮南、宣城二郡太守刘善明，请除宋氏大明、泰始以来诸苛政细制，以崇简易。又以为：『交州险远，宋末政苛，遂至怨叛。今大化创始，宜怀以恩德。且彼土所出，唯有珠宝，实非圣朝所须之急。讨伐之事，谓宜且停。』给事黄门郎清河崔祖思亦上言，以为：『人不学则不知道，此悖逆祸乱所由生也。今无员之官，空受禄力，凋耗民财。宜开文武二学，课台、府、州、国限外之人各从所乐，依方习业，若有废惰者，遣还故郡；经艺优殊者，待以不次。又，今陛下虽躬履节俭，而群下犹安习侈靡。宜褒进朝士之约素清修者，贬退其骄奢荒淫者，则风俗可移矣。』宋元嘉之世，凡事皆责成郡县。世祖征求急速，以郡县迟缓，始遣台使督之。自是使者所在旁午，竞作威福，营私纳赂，公私劳扰。会稽太守闻喜公子良上表极陈其弊，以为：『台有求须，但明下诏敕，为之期会，则人思自竭；若有稽迟，自依纠坐之科。今虽台使盈凑，会取正属所办，徒相疑愤，反更淹懈，宜悉停台使。』员外散骑郎刘思效上言：『宋自大明以来，渐见凋弊，征赋有加而天府尤贫。小民嗷嗷，殆无生意；而贵族富室，以侈丽相高，乃至山泽之民，不敢采食其水草。陛下宜一新王度，革正其失。』上皆加褒赏，或以表付外，使有司详择所宜，奏行之。己亥，诏：『二宫诸王，悉不得营立屯邸，封略山湖。』

魏主还平城。

魏秦州刺史尉洛侯、雍州刺史宜都王目辰、长安镇将陈提等皆坐贪残不法，洛侯、目辰伏诛，提徙边。

又诏以『候官千数，重罪受赇不列，轻罪吹毛发举，宜悉罢之。』更置谨直者数百人，使防逻街衢，执喧斗者而已。自是吏民始得安业。

自泰始以来，内外多虞，将帅各募部曲，屯聚建康。李安民上表，以为：『自非淮北常备外，馀军悉皆输遣；若亲近宜立随身者，听限人数。』上从之。五月，辛亥，诏断众募。

壬子，上赏佐命之功，褚渊、王俭等进爵、增户各有差。处士何点谓人曰：『我作《齐书》已竟，赞云：「渊既世族，俭亦国华；不赖舅氏，遑恤国家！」』点，尚之之孙也。渊母宋始安公主，继母吴郡公主；又尚巴西公主。俭母武康公主；又尚阳羡公主。故点云然。

己未，或走马过汝阴王之门，卫士恐有为乱者奔入杀王，而以疾闻，上不罪而赏之。辛酉，杀宋宗室阴安公燮等，无少长皆死。前豫州刺史刘澄之，遵考之子也，与褚

渊善，渊为之固请曰：『澄之兄弟不武，且于刘宗又疏。』故遵考之族独得免。

丙寅，追尊皇考曰宣皇帝，皇妣陈氏曰孝皇后。

丁卯，封皇子钧为衡阳王。

上谓兖州刺史垣崇祖曰：『吾新得天下，索虏必以纳刘昶为辞，侵犯边鄙。寿阳当虏之冲，非卿无以制此虏也。』乃徙崇祖为豫州刺史。

六月，丙子，诛游击将军姚道和，以其贰于沈攸之也。

甲子，立王太子赜为皇太子；皇子嶷为豫章王，映为临川王，晃为长沙王，晔为武陵王，暠为安成王，锵为鄱阳王，铄为桂阳王，鉴为广陵王；皇孙长懋为南郡王。

乙酉，葬宋顺帝于遂宁陵。

帝以建康居民舛杂，多奸盗，欲立符伍以相检括，右仆射王俭谏曰：『京师之地，四方辐凑，必也持符，于事既烦，理成不旷；谢安所谓「不尔何以为京师」也。』乃止。

初，交州刺史李长仁卒，从弟叔献代领州事，以号令未行，遣使求刺史于宋。宋以南海太守沈焕为交州刺史，以叔献为焕宁远司马、武平、新昌二郡太守。叔献既得朝命，人情服从，遂发兵守险，不纳焕。焕停郁林，病卒。

秋，七月，丁未，诏曰：『交趾、比景独隔书朔，斯乃前运方季，因迷遂往。宜曲赦交州，即以叔献为刺史，抚安南土。』

魏葭芦镇主杨广香请降，丙辰，以广香为沙州刺史。

八月，乙亥，魏主如方山；丁丑，还宫。

上闻魏将入寇，九月，乙巳，复以豫章王嶷为荆、湘二州刺史，都督如故；以临川王映为扬州刺史。

丙午，以司空褚渊领尚书令。

壬子，魏以侍中、司徒、东阳王丕为太尉，侍中、尚书右仆射陈建为司徒，侍中、尚书代人苟颓为司空。

己未，魏安乐厉王长乐谋反，赐死。

庚申，魏陇西宣王源贺卒。

冬，十月，己巳朔，魏大赦。

癸未，汝阴太妃王氏卒，谥曰宋恭皇后。

初，晋寿民李乌奴与白水氐杨成等寇梁州，梁州刺史范柏年说降乌奴，击杨成等，破之。及沈攸之事起，柏年遣兵出魏兴，声云入援，实候望形势。事平，朝廷遣王玄邈代之。诏柏年与乌奴俱下，乌奴劝柏年不受代；柏年计未决，玄邈已至。柏年乃留乌奴

于汉中，还至魏兴，盘桓不进。左卫率豫章胡谐之尝就柏年求马，柏年曰：『马非狗也，安能应无已之求！』待使者甚薄；使者还，语谐之曰：『柏年云：「胡谐之何物狗！所求无厌！」』谐之恨之，谮于上曰：『柏年恃险聚众，欲专据一州。』上使雍州刺史南郡王长懋诱柏年，启为府长史。柏年至襄阳，上欲不问，谐之曰：『见虎格得，而纵上山乎？』甲午，赐柏年死。李乌奴叛入氐，依杨文弘，引氐兵千馀人寇梁州，陷白马戍。王玄邈使人诈降诱乌奴，乌奴轻兵袭州城，玄邈伏兵邀击，大破之，乌奴挺身复走入氐。

初，玄邈为青州刺史，上在淮阴，为宋太宗所疑，欲北附魏，遣书结玄邈，玄邈长史清河房叔安曰：『将军居方州之重，无故举忠孝而弃之，三齐之士，宁蹈东海而死耳，不敢随将军也！』玄邈乃不答上书。及罢州还，至淮阴，严军直过；至建康，启太宗，称上有异志。及上为骠骑，引为司马，玄邈甚惧，而上待之如初。及破乌奴，上曰：『玄邈果不负吾意遇也。』叔安为宁蜀太守，上赏其忠正，欲用为梁州，会病卒。

十一月，辛亥，立皇太子妃裴氏。

癸丑，魏遣假梁郡王嘉督二将出淮阴，陇西公琛督三将出广陵，河东公薛虎子督三将出寿阳，奉丹杨王刘昶入寇，许昶以克复旧业，世胙江南，称藩于魏。蛮酋桓诞请为前驱，以诞为南征西道大都督。义阳民谢天盖自称司州刺史，欲以州附魏，魏乐陵镇将韦珍引兵渡淮应接。豫章王嶷遣中兵参军萧惠朗将二千人，助司州刺史萧景先讨天盖，韦珍略七千馀户而去。景先，上之从子也。南兖州刺史王敬则闻魏将济淮，委镇还建康，士民惊散，既而魏竟不至。上以其功臣，不问。

上之辅宋也，遣骁骑将军王洪范使柔然，约与共攻魏。洪范自蜀出吐谷浑，历西域，乃得达。至是，柔然十馀万骑寇魏，至塞上而还。

是岁，魏诏中书监高允议定律令。允虽笃老，而志识不衰。诏以允家贫养薄，令乐部丝竹十人五日一诣允以娱其志，朝晡给膳，朔望致牛酒，月给衣服绵绢；入见则备几杖，问以政治。

契丹莫贺弗勿干帅部落万馀口入附于魏，居白狼水东。

二年（庚申，公元四八〇年）

春，正月，戊戌朔，大赦。

以司空褚渊为司徒，尚书右仆射王俭为左仆射；渊不受。

辛丑，上祀南郊。

魏陇西公琛等攻拔马头戍，杀太守刘从。乙卯，诏内外纂严，发兵拒魏，征南郡王

长懋为中军将军，镇石头。

魏广川庄王略卒。

魏师攻钟离，徐州刺史崔文仲击破之。文仲遣军主崔孝伯渡淮，攻魏茌眉戍主龙得侯等，杀之。文仲，祖思之族人也。

群蛮依阻山谷，连带荆、湘、雍、郢、司五州之境，闻魏师入寇，官尽发民丁，南襄城蛮秦远乘虚寇潼阳，杀县令。司州蛮引魏兵寇平昌，平昌戍主苟元宾击破之。北上黄蛮文勉德寇汶阳，汶阳太守戴元宾弃城奔江陵，豫章王嶷遣中兵参军刘伾绪将千人讨之，至当阳，勉德请降，秦远遁去。

魏将薛道标引兵趣寿阳，上使齐郡太守刘怀慰作冠军将军薛渊书以招道标；魏人闻之，召道标还，使梁郡王嘉代之。怀慰，乘民之子也。二月，丁卯朔，嘉与刘昶寇寿阳。将战，昶四向拜将士，流涕纵横，曰：「愿同戮力，以雪仇耻！」

魏步骑号二十万，豫州刺史垣崇祖集文武议之，欲治外城，堰肥水以自固。皆曰：「昔佛狸入寇，南平王士卒完盛，数倍于今，犹以郭大难守，退保内城。且自有肥水，未尝堰也，恐劳而无益。」崇祖曰：「若弃外城，虏必据之，外修楼橹，内筑长围，则坐成擒矣。守郭筑堰，是吾不谏之策也。」乃于城西北堰肥水，堰北筑小城，周为深堑，使数千人守之，曰：「虏见城小，以为一举可取，必悉力攻之，以谋破堰；吾纵水冲之，皆为流尸矣。」魏人果蚁附攻小城，崇祖著白纱帽，肩舆上城。晡时，决堰下水；魏攻城之众漂坠堑中，人马溺死以千数。魏师退走。

谢天盖部曲杀天盖以降。

宋自孝建以来，政纲弛紊，簿籍讹谬，上诏黄门郎会稽虞玩之等更加检定，曰：「黄籍，民之大纪，国之治端。自顷巧伪日甚，何以厘革？」玩之上表，以为：「元嘉中，故光禄大夫傅隆年出七十，犹手自书籍，躬加隐校。今欲求治取正，必在勤明令长。愚谓宜以元嘉二十七年籍为正，更立明科，一听首悔；迷而不返，依制必戮；若有虚昧，州县同科。」上从之。

上以群蛮数为叛乱，分荆、益置巴州以镇之。壬申，以三巴校尉明慧昭为巴州刺史，领巴东太守。是时，齐之境内，有州二十三，郡三百九十，县千四百八十五。

乙酉，崔文仲遣军主陈靖拔魏竹邑，杀戍主白仲都；崔叔延破魏睢陵，杀淮阳太守梁恶。

三月，丁酉朔，以侍中西昌侯鸾为郢州刺史。鸾，帝兄始安贞王道生之子也，早孤，为帝所养，恩过诸子。

魏刘昶以雨水方降，表请还师，魏人许之；丙午，遣车骑大将军冯熙将兵迎之。

夏，四月，辛巳，魏主如白登山；五月，丙申朔，如火山；壬寅，还平城。

自晋以来，建康宫之外城唯设竹篱，而有六门。会有发白虎樽者，言『白门三重关，竹篱穿不完』。上感其言，命改立都墙。

李乌奴数乘间出寇梁州，豫章王嶷遣中兵参军王图南，将益州兵从剑阁掩击之；梁、南秦二州刺史崔慧景发梁州兵屯白马，与图南覆背击乌奴，大破之，乌奴走保武兴。慧景，祖思之族人也。

秋，七月，辛亥，魏主如火山。

戊午，皇太子穆妃裴氏卒。

诏南郡王长懋移镇西州。

角城戍主举城降魏；秋，八月，丁酉，魏遣徐州刺史梁郡王嘉迎之。又遣平南将军郎大檀等三将出朐城，将军白吐头等二将出海西，将军元泰等二将出连口，将军封延等三将出角城，镇南将军贺罗出下蔡，同入寇。

甲辰，魏主如方山；戊申，游武州山石窟寺。庚戌，还平城。

崔慧景遣长史裴叔保攻李乌奴于武兴，为氐王杨文弘所败。

九月，甲午朔，日有食之。

丙午，柔然遣使来聘。

汝南太守常元真、龙骧将军胡青苟降于魏。

闰月，辛巳，遣领军李安民循行清、泗诸戍以备魏。

魏梁郡王嘉帅众十万围朐山，朐山戍主玄元度婴城固守，青、冀二州刺史范阳卢绍之遣子奂将兵助之。庚寅，元度大破魏师。台遣军主崔灵建等将万馀人自淮入海，夜至，各举两炬；魏师望见，遁去。

冬，十月，王俭固请解选职，许之；加俭侍中，以太子詹事何戢领选。上以戢资重，欲加常侍，褚渊曰：『圣旨每以蝉冕不宜过多。臣与王俭既已左珥，若复加戢，则八座遂有三貂；若帖以骁、游，亦为不少。』乃以戢为吏部尚书，加骁骑将军。

甲辰，以沙州刺史杨广香为西秦州刺史，又以其子炅为武都太守。

丁未，魏以昌黎王冯熙为西道都督，与征南将军桓诞出义阳，镇南将军贺罗出钟离，同入寇。

淮北四州民不乐属魏，常思归江南，上多遣间谍诱之。于是，徐州民桓标之、兖州民徐猛子等所在蜂起为寇盗，聚众保五固，推司马朗之为主。魏遣淮阳王尉元、平南将

军薛虎子等讨之。

十一月，戊寅，丹阳尹王僧虔上言：「郡县狱相承有上汤杀囚，名为救疾，实行冤暴。岂有死生大命，而潜制下邑！愚谓囚病必先刺郡，求职司与医对共诊验，远县家人省视，然后处治。」上从之。

戊子，以杨难当之孙后起为北秦州刺史、武都王，镇武兴。

十二月，戊戌，以司空褚渊为司徒。渊入朝，以腰扇障日，征虏功曹刘祥从侧过，曰：「作如此举止，羞面见人，扇障何益！」渊曰：「寒士不逊！」祥曰：「不能杀袁、刘，安得免寒士！」祥，穆之之孙也。祥好文学，而性韵刚疏，撰《宋书》，讥斥禅代；王俭密以闻，坐徙广州而卒。

太子宴朝臣于玄圃，右卫率沈文季与褚渊语相失，文季怒曰：「渊自谓忠臣，不知死之日何面目见宋明帝！」太子笑曰：「沈率醉矣。」

壬子，以豫章王嶷为中书监、司空、扬州刺史，以临川王映为都督荆、雍等九州诸军事、荆州刺史。

是岁，魏尚书令王睿进爵中山王，加镇东大将军；置王官二十二人，以中书侍郎郑羲为傅，郎中令以下皆当时名士。又拜睿妻丁氏为妃。

三年（辛酉，公元四八一年）

春，正月，封皇子锋为江夏王。

魏人寇淮阳，围军主成买于甬城，上遣领军将军李安民为都督，与军主周盘龙等救之。魏人缘淮大掠，江北民皆惊走，渡江，成买力战而死。盘龙之子奉叔以二百人陷陈深入，魏以万余骑张左右翼围之。或告盘龙云「奉叔已没」，盘龙驰马奋稍，直突魏陈，所向披靡。奉叔已出，复入求盘龙。父子两骑萦扰，魏数万之众莫敢当者；魏师遂败，杀伤万计。魏师退，李安民等引兵追之，战于孙溪渚，又破之。

己卯，魏主南巡，司空苟颓留守；丁亥，魏主至中山。

二月，辛卯朔，魏大赦。

丁酉，游击将军桓康复败魏师于淮阳，进攻樊谐城，拔之。

魏主自中山如信都；癸卯，复如中山；庚戌，还，至肆州。

沙门法秀以妖术惑众，谋作乱于平城；苟颓帅禁兵收掩，悉擒之。魏主还平城，有司囚法秀，加以笼头，铁锁无故自解。魏人穿其颈骨，祝之曰：「若果有神，当令穿肉不入。」遂穿以徇，三日乃死。议者或欲尽杀道人，冯太后不可，乃止。

垣崇祖之败魏师也，恐魏复寇淮北，乃徙下蔡戍于淮东。既而魏师果至，欲攻下

蔡；闻其内徙，欲夷其故城。己酉，崇祖引兵渡淮击魏，大破之，杀获千计。

晋、宋之际，荆州刺史多不领南蛮校尉，别以重人居之。豫章王嶷为荆、湘二州刺史，领南蛮。嶷罢，更以侍中王奂为之。奂固辞，曰：『西土戎烬之后，痍毁难复。今复割撤太府，制置偏校，崇望不足助强，语实交能相弊。且资力既分，职司增广，众劳务倍，文案滋烦，窃以为国计非允。』癸丑，罢南蛮校尉官。

三月，辛酉朔，魏主如肆州；己巳，还平城。

魏法秀之乱，事连兰台御史张求等百馀人，皆以反，法当族。尚书令王睿请诛首恶，宥其馀党。乃诏：『应诛五族者，降为三族；三族者，门诛；门诛，止其身。』所免千馀人。

夏，四月，己亥，魏主如方山。冯太后乐其山川，曰：『他日必葬我于是，不必祔山陵也。』乃为太后作寿陵，又建永固石室于山上，欲以为庙。

桓标之等有众数万，寨险求援；庚子，诏李安民督诸将往迎之，又使兖州刺史周山图自淮入清，倍道应接。淮北民桓磊魂破魏师于抱犊固。李安民赴救迟留，标之等皆为魏所灭，馀众得南归者尚数千家；魏人亦掠三万馀口归平城。

魏任城康王云卒。

五月，壬戌，邓至王像舒遣使入贡于魏。邓至者，羌之别种，国于宕昌之南。

六月，壬子，大赦。

甲辰，魏中山宣王王睿卒。睿疾病，太皇太后、魏主屡至其家视疾。及卒，赠太宰，立庙于平城南。文士为睿作哀诗及诔者百馀人，及葬，自称亲姻、义旧，缞绖哭送者千馀人。魏主以睿子中散大夫袭代睿为尚书令，领吏部曹。

戊午，魏封皇叔简为齐郡王，猛为安丰王。

秋，七月，己未朔，日有食之。

上使后军参军车僧朗使于魏。甲子，僧朗至平城，魏主问曰：『齐辅宋日浅，何故遽登大位？』对曰：『虞、夏登庸，身陟元后，魏、晋匡辅，贻厥子孙，时宜各异耳。』

辛酉，柔然别帅他稽帅众降魏。

杨文弘遣使请降，诏复以为北秦州刺史。先是，杨广香卒，其众半奔文弘，半奔梁州。文弘遣杨后起据白水。上虽授以官爵，而阴敕晋寿太守杨公则使伺便图之。

宋升明中，遣使者殷灵诞、苟昭先如魏，闻上受禅，灵诞谓魏典客曰：『宋、魏通好，忧患是同。宋今灭亡，魏不相救，何用和亲！』及刘昶入寇，灵诞请为昶司马，不许。九月，庚午，魏阅武于南郊，因宴群臣，置车僧朗于灵诞下，僧朗不肯就席，曰：

「灵诞昔为宋使，今为齐民。乞魏主以礼见处。」灵诞遂与相忿詈。刘昶赂宋降人解奉君于会刺杀僧朗，魏人收奉君，诛之；厚送僧朗之丧，放灵诞等南归。及世祖即位，昭先具以灵诞之语启闻，灵诞坐下狱死。

辛未，柔然主遣使来聘，与上书，谓上为「足下」，自称曰「吾」，遗上师子皮袴褶，约共伐魏。

魏尉元、薛虎子克五固，斩司马朗之，东南诸州皆平。尉元入为侍中、都曹尚书，薛虎子为彭城镇将，迁徐州刺史。时州镇戍兵，资绢自随，不入公库。虎子上表，以为：「国家欲取江东，先须积谷彭城。切惟在镇之兵，不减数万，资粮之绢，人十二匹；用度无准，未及代下，不免饥寒，公私损费。今徐州良田十万馀顷，水陆肥沃，清、汴通流，足以溉灌。若以兵绢市牛，可得万头，兴置屯田，一岁之中，且给官食。半兵芸殖，馀兵屯戍，且耕且守，不妨捍边。一年之收，过于十倍之绢；暂时之耕，足充数载之食。于后兵资皆贮公库，五稔之后，谷帛俱溢，非直戍卒丰饱，亦有吞敌之势。」魏人从之。虎子为政有惠爱，兵民怀之。会沛郡太守邵安、下邳太守张攀以赃污为虎子所按，各遣子上书，告虎子与江南通，魏主曰：「虎子必不然。」推按，果虚，诏安、攀皆赐死，二子各鞭一百。

吐谷浑王拾寅卒，世子度易侯立。冬，十月，戊子朔，以度易侯为西秦、河二州刺史、河南王。

魏中书令高闾等更定新律成，凡八百三十二章；门房之诛十有六，大辟二百三十五，杂刑三百七十七。

初，高昌王阚伯周卒，子义成立；是岁，其从兄首归杀义成自立。高车王可至罗杀首归兄弟，以敦煌张明为高昌王。国人杀明，立马儒为王。

四年（壬戌，公元四八二年）

春，正月，壬戌，诏置学生二百人，以中书令张绪为国子祭酒。

甲戌，魏大赦。

三月，庚申，上召司徒褚渊、尚书左仆射王俭受遗诏辅太子；壬戌，殂于临光殿。太子即位，大赦。

高帝沉深有大量，博学能文。性清俭，主衣中有玉导，上敕中书曰：「留此正是兴长病源！」即命击碎；仍检按有何异物，皆随此例。每曰：「使我治天下十年，当使黄金与土同价。」

乙丑，以褚渊录尚书事，王俭为侍中、尚书令，车骑将军张敬儿开府仪同三司。丁

卯，以前将军王奂为尚书左仆射。庚午，以豫章王嶷为太尉。

庚辰，魏主临虎圈，诏曰：『虎狼猛暴，取捕之日，每多伤害；既无所益，损费良多，从今勿复捕贡。』

夏，四月，庚寅，上大行谥曰高皇帝，庙号太祖。丙午，葬泰安陵。

辛卯，追尊穆妃为皇后。六月，甲申朔，立南郡王长懋为皇太子。丙申，立太子妃王氏。妃，琅邪人也。封皇子闻喜公子良为竟陵王，临汝公子卿为庐陵王，应城公子敬为安陆王，江陵公子懋为晋安王，枝江公子隆为随郡王，子真为建安王，皇孙昭业为南郡王。

司徒褚渊寝疾，自表逊位，世祖不许，渊固请恳切，癸卯，以渊为司空，领骠骑将军。侍中、录尚书如故。

秋，七月，魏发州郡五万人治灵丘道。

吏部尚书济阳江谧，性谄躁，太祖殂，谧恨不豫顾命；上即位，谧又不迁官；以此怨望、诽谤。会上不豫，谧诣豫章王嶷请间，曰：『至尊非起疾，东宫又非才，公今欲作何计？』上知之，使御史中丞沈冲奏谧前后罪恶，庚寅，赐谧死。

癸卯，南康文简公褚渊卒，世子侍中贲耻其父失节，服除，遂不仕，以爵让其弟蓁，屏居墓下终身。

九月，丁巳，以国哀罢国子学。

氐王杨文弘卒。诸子皆幼，乃以兄子后起为嗣。九月，辛酉，魏以后起为武都王，文弘子集始为白水太守。既而集始自立为王，后起击破之。

魏以荆州巴、氐扰乱，以镇西大将军李崇为荆州刺史。崇，显祖之舅子也。将之镇，敕发陕、秦二州兵送之，崇辞曰：『边人失和，本怨刺史。今奉诏代之，自然安靖；但须一诏而已，不烦发兵自防，使之怀惧也。』魏朝从之。崇遂轻将数十骑驰至上洛，宣诏慰谕，民夷帖然。崇命边戍掠得齐人者悉还之，由是齐人亦还其生口二百许人，二境交和，无复烽燧之警。久之，徙兖州刺史。

兖土旧多劫盗，崇命村置一楼，楼皆悬鼓，盗发之处，乱击之；旁村始闻者，以一击为节，次二，次三，俄顷之间，声布百里；皆发人守险要。由是盗发，无不擒获。其后诸州皆效之，自崇始也。

辛未，以征南将军王僧虔为左光禄大夫、开府仪同三司，以尚书右仆射王奂为湘州刺史。

宋故建平王景素主簿何昌寓、记室王摛及所举秀才刘琎，前后上书陈景素德美，为

之讼冤。冬，十月，辛丑，诏听以士礼还葬旧茔。琎，瓛之弟也。

十一月，魏高祖将亲祀七庙，命有司具仪法，依古制备牲牢、器服及乐章；自是四时常祀皆举之。

世祖武皇帝上之上

永明元年（癸亥，公元四八三年）

春，正月，辛亥，上祀南郊，大赦，改元。

诏以边境宁晏，治民之官，普复田秩。

以太尉豫章王嶷领太子太傅。嶷不参朝务，而常密献谋画，上多从之。

壬戌，立皇弟锐为南平王，铿为宜都王，皇子子明为武昌王，子罕为南海王。

二月，辛巳，以征虏将军杨炅为沙州刺史、阴平王。

辛丑，以宕昌王梁弥机为河、凉二州刺史，邓至王像舒为西凉州刺史。

宋末，以治民之官六年过久，乃以三年为断，谓之小满；而迁换去来，又不能依三年之制。三月，癸丑，诏：「自今一以小满为限。」

有司以天文失度，请禳之。上曰：「应天以实不以文。我克己求治，思隆惠政；若灾眚在我，禳之何益！」夏，四月，壬午，诏：「袁粲、刘秉、沈攸之，虽末节不终，而始诚可录。」皆命以礼改葬。

上之为太子也，自以年长，与太祖同创大业，朝事大小，率皆专断，多违制度。信任左右张景真，景真骄侈，被服什物，僭拟乘舆；内外畏之，莫敢言者。司空咨议荀伯玉，素为太祖所亲厚，叹曰：「太子所为，官终不知，岂得畏死，蔽官耳目！我不启闻，谁当启者！」因太子拜陵，密以启太祖。太祖怒，命检校东宫。

太子拜陵还，至方山，晚，将泊舟，豫章王嶷自东府乘飞燕东迎太子，告以上怒之意。太子夜归，入宫，太祖亦停门籥待之。明日，太祖使南郡王长懋、闻喜公子良宣敕诘责，并示以景真罪状，使以太子令收景真，杀之。太子忧惧，称疾。

月馀，太祖怒不解，昼卧太阳殿，王敬则直入，叩头启太祖曰：「官有天下日浅，太子无事被责，人情恐惧；愿官往东宫解释之。」太祖无言。敬则因大声宣旨，装束往东宫，又敕太官设馔，呼左右索舆，太祖了无动意。敬则索衣被太祖，乃牵强登舆。太祖不得已至东宫，召诸王宴于玄圃。长沙王晃捉华盖，临川王映执雉尾扇，闻喜公子良持酒铛，南郡王长懋行酒，太子及豫章王嶷、王敬则自捧酒馔，至暮，尽醉乃还。

太祖嘉伯玉忠荩，愈见亲信，军国密事，多委使之，权动朝右。遭母忧，去宅二里

许，冠盖已塞路。左率萧景先、侍中王晏共吊之，自旦至暮，始得前。比出，饥乏，气息惙然，愤悒形于声貌。明日，言于太祖曰：「臣等所见二宫门庭，比荀伯玉宅可张雀罗矣。」晏，敬弘之从子也。

骁骑将军陈胤叔，先亦白景真及太子得失，而语太子皆云「伯玉以闻」。太子由是深怨伯玉。

太祖阴有以豫章王嶷代太子之意，而嶷事太子愈谨，故太子友爱不衰。

豫州刺史垣崇祖不亲附太子，会崇祖破魏兵，太祖召还朝，与之密谋。太子疑之，曲加礼待，谓曰：「世间流言，我已豁怀；自今以富贵相付。」崇祖拜谢。会太祖复遣荀伯玉，敕以边事，受旨夜发，不得辞东宫；太子以为不尽诚，益衔之。

太祖临终，指伯玉以属太子。上即位，崇祖累迁五兵尚书，伯玉累迁散骑常侍。伯玉内怀忧惧，上以伯玉与崇祖善，恐其为变，加意抚之。丁亥，下诏诬崇祖招结江北荒人，欲与伯玉作乱，皆收杀之。

庚子，魏主如崞山；壬寅，还宫。

闰月，癸丑，魏主后宫平凉林氏生子恂，大赦。文明太后以恂当为太子，赐林氏死，自抚养恂。五月，戊寅朔，魏主如武州山石窟佛寺。

车骑将军张敬儿好信梦。初为南阳太守，其妻尚氏梦一手热如火；及为雍州，梦一胛热；为开府，梦半身热。敬儿意欲无限，常谓所亲曰：「吾妻复梦举体热矣。」又自言梦旧村社树高至天，上闻而恶之。垣崇祖死，敬儿内自疑，会有人告敬儿遣人至蛮中货易，上疑其有异志。会上于华林园设八关斋，朝臣皆预，于坐收敬儿。敬儿脱冠貂投地曰：「此物误我！」丁酉，杀敬儿，并其四子。

敬儿弟恭儿，常虑为兄祸所及，居于冠军，未常出襄阳，村落深阻，墙垣重复。敬儿每遣信，辄上马属鞬，然后见之。敬儿败问至，席卷入蛮；后自出，上恕之。

敬儿女为征北咨议参军谢超宗子妇，超宗谓丹阳尹李安民曰：「「往年杀韩信，今年杀彭越。」尹欲何计！」安民具启之。上素恶超宗轻慢，使兼御史中丞袁彖奏弹超宗，丁巳，收付廷尉，徙越巂，于道赐死。以彖语不刻切，又使左丞王逡之奏弹彖轻文略奏，挠法容非，彖坐免官，禁锢十年。超宗，灵运之孙；彖，顗之弟子也。

秋，七月，丁丑，魏主及太后如神渊池。甲申，如方山。

魏使假员外散骑常侍顿丘李彪来聘。

侍中、左光禄大夫、开府仪同三司王僧虔固辞开府，谓兄子俭曰：「汝任重于朝，行登三事；我若复有此授，乃是一门有二台司，吾实惧焉。」累年不拜，上乃许之，戊

戍，加僧虔特进。俭作长梁斋，制度小过，僧虔视之，不悦，竟不入户；俭即日毁之。

初，王弘与兄弟集会，任子孙戏适。僧达跳下地作虎子；僧绰正坐，采蜡烛珠为凤皇，僧达夺取打坏，亦复不惜；僧虔累十二博棋，既不坠落，亦不重作。弘叹曰：「僧达俊爽，当不减人，然恐终危吾家；僧绰当以名义见美；僧虔必为长者，位至公台。」已而皆如其言。

八月，庚申，骁骑将军王洪范自柔然还，经涂三万馀里。

冬，十月，丙寅，遣骁骑将军刘缵聘于魏，魏主客令李安世主之。魏人出内藏之宝，使贾人鬻之于市。缵曰：「魏金玉大贱，当由山川所出。」安世曰：「圣朝不贵金玉，故贱同瓦砾。」缵初欲多市，闻其言，内惭而止。缵屡奉使至魏，冯太后遂私幸之。

十二月，乙巳朔，日有食之。

癸丑，魏始禁同姓为婚。

王俭进号卫将军，参掌选事。

是岁，省巴州。

魏秦州刺史于洛侯，性残酷，刑人或断腕，拔舌，分悬四体。合州惊骇，州民王元寿等一时俱反。有司劾奏之，魏主遣使至州，於洛侯常刑人处宣告吏民，然后斩之。

齐州刺史韩麒麟，为政尚宽，从事刘普庆说麒麟曰：「公杖节方夏，而无所诛斩，何以示威！」麒麟曰：「刑罚所以止恶，仁者不得已而用之。今民不犯法，又何诛乎？若必断斩然后可以立威，当以卿应之！」普庆惭惧而起。

资治通鉴卷第一百三十六

齐纪二 起阏逢困敦，尽屠维大荒落，凡六年。

世祖武皇帝上之下

永明二年（甲子，公元四八四年）

春，正月，乙亥，以后将军柳世隆为尚书右仆射；竟陵王子良为护军将军兼司徒，领兵置佐，镇西州。子良少有清尚，倾意宾客，才俊之士，皆游集其门。开西邸，多聚古人器服以充之。记室参军范云、萧琛、乐安任昉、法曹参军王融、卫军东阁祭酒萧衍、镇西功曹谢朓、步兵校尉沈约、扬州秀才吴郡陆倕，并以文学，尤见亲待，号曰八友。法曹参军柳恽、太学博士王僧孺、南徐州秀才济阳江革、尚书殿中郎范缜、会稽孔休源亦预焉。琛，惠开之从子；恽，元景之从孙；融，僧达之孙；衍，顺之之子；朓，述之孙；约，璞之子；僧孺，雅之曾孙；缜，云之从兄也。

子良笃好释氏，招致名僧，讲论佛法。道俗之盛，江左未有。或亲为众僧赋食、行水，世颇以为失宰相体。

范缜盛称无佛。子良曰：「君不信因果，何得有富贵、贫贱？」缜曰：「人生如树花同发，随风而散：或拂帘幌坠茵席之上，或关篱墙落粪溷之中。坠茵席者，殿下是也；落粪溷者，下官是也。贵贱虽复殊途，因果竟在何处！」子良无以难。缜又著《神灭论》，以为：「形者神之质，神者形之用也。神之于形，犹利之于刀；未闻刀没而利存，岂容形亡而神在哉！」此论出，朝野喧哗，难之，终不能屈。太原王琰著论讥缜曰：「呜呼范子！曾不知其先祖神灵所在！」欲以杜缜后对。缜对曰：「呜呼王子！知其先祖神灵所在，而不能杀身以从之！」子良使王融谓之曰：「以卿才美，何患不至中书郎；而故乖剌为此论，甚可惜也！宜急毁弃之。」缜大笑曰：「使范缜卖论取官，已至令、仆矣，何但中书郎邪！」

萧衍好筹略，有文武才干，王俭深器异之，曰：「萧郎出三十，贵不可言。」

壬寅，以柳世隆为尚书左仆射，丹阳尹李安民为右仆射，王俭领丹阳尹。

夏，四月，甲寅，魏主如方山；戊午，还宫；庚申，如鸿池；丁卯，还宫。

五月，甲申，魏遣员外散骑常侍李彪等来聘。

六月，壬寅朔，中书舍人吴兴茹法亮封望蔡男。时中书舍人四人，各住一省，谓之「四户」，以法亮及临海吕文显等为之；既总重权，势倾朝廷，守宰数迁换去来，四方饷遗，岁数百万。法亮尝于众中语人曰：「何须求外禄！此一户中，年办百万。」盖约言之也。后因天文有变，王俭极言「文显等专权徇私，上天见异，祸由四户」。上手诏酬

魏旧制：户调帛二匹，絮二斤，丝一斤，谷二十斛；又入帛一匹二丈，委之州库，以供调外之费；所调各随土之所出。丁卯，诏曰：「置官班禄，行之尚矣；自中原丧乱，兹制中绝。朕宪章旧典，始班俸禄。户增调帛三匹，谷二斛九斗，以为官司之禄；增调外帛二匹。禄行之后，赃满一匹者死。变法改度，宜为更始，其大赦天下。」

秋，七月，甲申，立皇子子伦为巴陵王。

乙未，魏主如武州山石窟寺。

九月，魏诏，班禄以十月为始，季别受之。旧律，枉法十匹，义赃二十匹，罪死；至是，义赃一匹，枉法无多少，皆死。仍分命使者，纠按守宰之贪者。

秦、益二州刺史恒农李洪之以外戚贵显，为治贪暴，班禄之后，洪之首以赃败。魏主命锁赴平城，集百官亲临数之；犹以其大臣，听在家自裁。自馀守宰坐赃死者四十馀人。受禄者无不跼蹐，赇赂殆绝。然吏民犯他罪者，魏主率宽之，疑罪奏谳多减死徙边，岁以千计。都下决大辟，岁不过五六人，州镇亦简。

久之，淮南王佗奏请依旧断禄，文明太后召群臣议之。中书监高闾以为：「饥寒切身，慈母不能保其子。今给禄，则廉者足以无滥，贪者足以劝慕；不给，则贪者得肆其

奸，廉者不能自保。淮南之议，不亦谬乎！」诏从闾议。

闾又上表，以为：「北狄悍愚，同于禽兽。所长者野战，所短者攻城。若以狄之所短夺其所长，则虽众不能成患，虽来不能深入。又，狄散居野泽，随逐水草，战则与家业并至，奔则与畜牧俱逃，不赍资粮而饮食自足，是以历代能为边患。六镇势分，倍众不斗，互相围逼，难以制之。请依秦、汉故事，于六镇之北筑长城，择要害之地，往往开门，造小城于其侧，置兵扞守。狄既不攻城，野掠无获，草尽则走，终必惩艾。计六镇东西不过千里，一夫一月之功，可城三步之地，强弱相兼，不过用十万人，一月可就；虽有暂劳，可以永逸。凡长城有五利：罢游防之苦，一也；北部放牧无抄掠之患，二也；登城观敌，以逸待劳，三也；息无时之备，四也；岁常游运，永得不匮，五也。」魏主优诏答之。

冬，十月，丁巳，以南徐州刺史长沙王晃为中书监。初，太祖临终，以晃属帝，使处于辇下或近藩，勿令远出。且曰：「宋氏若非骨肉相残，他族岂得乘其弊！汝深诫之！」旧制：诸王在都，唯得置捉刀左右四十人。晃好武饰，及罢南徐州，私载数百人仗还建康，为禁司所觉，投之江水。帝闻之，大怒，将纠以法，豫章王嶷叩头流涕曰：「晃罪诚不足宥；陛下当忆先朝念晃。」帝亦垂泣，由是终无异意，然亦不被亲宠。论者

谓帝优于魏文，减于汉明。

武陵王晔多才艺而疏悻，亦无宠于帝。尝侍宴，醉伏地，貂抄肉柈。帝笑曰：『肉污貂。』对曰：『陛下爱羽毛而疏骨肉。』帝不悦。晔轻财好施，故无畜积；名后堂山曰『首阳』，盖怨贫薄也。

高丽王琏遣使入贡于魏，亦入贡于齐。时高丽方强，魏置诸国使邸，齐使第一，高丽次之。

益州大度獠恃险骄恣，前后刺史不能制。及陈显达为刺史，遣使责其租赕。獠帅曰：『两眼刺史尚不敢调我，况一眼乎！』遂杀其使。显达分部将吏，声言出猎，夜往袭之，男女无少长皆斩之。

晋氏以来，益州刺史皆以名将为之。十一月，丁亥，帝始以始兴王鉴为督益、宁诸军事、益州刺史，征显达为中护军。先是，劫帅韩武方聚党千馀人断流为暴，郡县不能禁。鉴行至上明，武方出降，长史虞悰等咸请杀之。鉴曰：『杀之失信，且无以劝善。』乃启台而宥之，于是巴西蛮夷为寇暴者皆望风降附。鉴时年十四，行至新城，道路籍籍，云『陈显达大选士马，不肯就征。』乃停新城，遣典签张昙晳往观形势。俄而显达遣使诣鉴，咸劝鉴执之。鉴曰：『显达立节本朝，必自无此。』居二日，昙晳还，具言『显达已迁家出城，日夕望殿下至。』于是乃前。鉴喜文学，器服如素士，蜀人悦之。

乙未，魏员外散骑常侍李彪等来聘。

是岁，诏增豫章王嶷封邑为四千户。宋元嘉之世，诸王入斋阁，得白服、裙帽见人主；唯出太极四厢，乃备朝服。自后此制遂绝。上于嶷友爱，宫中曲宴，听依元嘉故事。嶷固辞不敢，唯车驾至其第，乃白服、乌纱帽以侍宴。至于衣服、器服制度，动皆陈启，事无专制，务从减省。上并不许。嶷常虑盛满，求解扬州，以授竟陵王子良。上终不许，曰：『毕汝一世，无所多言。』嶷长七尺八寸，善修容范，文物卫从，礼冠百僚，每出入殿省，瞻望者无不肃然。

交州刺史李叔献既受命，而断割外国贡献；上欲讨之。

三年（乙丑，公元四八五年）

春，正月，丙辰，以大司农刘楷为交州刺史，发南康、庐陵、始兴兵以讨叔献。叔献闻之，遣使乞更申数年，献十二队纯银兜鍪及孔雀毦；上不许。叔献惧为楷所袭，间道自湘川还朝。

戊寅，魏诏曰：『图谶之兴，出于三季，既非经国之典，徒为妖邪所凭。自今图谶、秘纬，一皆焚之，留者以大辟论！』又严禁诸巫觋及委巷卜筮非经典所载者。

魏冯太后作《皇诰》十八篇，癸未，大飨群臣于太华殿，班《皇诰》。

辛卯，上祀南郊，大赦。

诏复立国学；释奠先师用上公礼。

二月，己亥，魏制皇子皇孙有封爵者，岁禄各有差。

辛丑，上祭北郊。

三月，丙申，魏封皇弟禧为咸阳王，干为河南王，羽为广陵王，雍为颍川王，勰为始平王，详为北海王。文明太后令置学馆，选师傅以教诸王。勰于兄弟最贤，敏而好学，善属文，魏主尤奇爱之。

夏，四月，癸丑，魏主如方山；甲寅，还宫。

初，宋太宗置总明观以集学士，亦谓之东观。上以国学既立，五月，乙未，省总明观。时王俭领国子祭酒，诏于俭宅开学士馆，以总明四部书充之。又诏俭以家为府。自宋世祖好文章，士大夫悉以文章相尚，无以专经为业者。俭少好《礼》学及《春秋》，言论造次必于儒者，由是衣冠翕然，更尚儒术。俭撰次朝仪、国典，自晋、宋以来故事，无不谙忆，故当朝理事，断决如流。每博议引证，八坐、丞、郎无能异者。令史咨事常数十人，宾客满席，俭应接辨析，傍无留滞，发言下笔，皆有音彩。十日一还学监试诸生，巾卷在庭，剑卫、令史，仪容甚盛。作解散髻，斜插簪，朝野慕之，相与仿效。俭常谓人曰：『江左风流宰相，唯有谢安。』意以自比也。上深委仗之，士流选用，奏无不可。

六月，庚戌，〔魏〕进河南王度易侯为车骑将军，遣给事中吴兴丘冠先使河南，并送柔然使。

辛亥，魏主如方山。丁巳，还宫。

秋，七月，癸未，魏遣使拜宕昌王梁弥机兄子弥承为宕昌王。初，弥机死，子弥博立，为吐谷浑所逼，奔仇池。仇池镇将穆亮以弥机事魏素厚，矜其灭亡；弥博凶悖，所部恶之；弥承为众所附，表请纳之。诏许之。亮帅骑三万军于龙鹄，击走吐谷浑，立弥承而还。亮，崇之曾孙也。

戊子，魏主如鱼池，登青原冈；甲午，还宫；八月，己亥，如弥泽；甲寅，登牛头山；甲子，还宫。

魏初，民多荫附；荫附者皆无官役，而豪强征敛倍于公赋。给事中李安世上言：『岁饥民流，田业多为豪右所占夺；虽桑井难复，宜更均量，使力业相称。又，所争之田，宜限年断，事久难明，悉归今主，以绝诈妄。』魏主善之，由是始议均田。冬，十

月，丁未，诏遣使者循行州郡，与牧守均给天下之田：诸男夫十五以上受露田四十亩，妇人二十亩，奴婢依良丁；牛一头，受田三十亩，限止四牛。所授之田，率倍之；三易之田，再倍之，以供耕作及还受之盈缩。人年及课则受田，老免及身没则还田。奴婢、牛随有无以还受。初受田者，男夫给二十亩，课种桑五十株；桑田皆为世业，身终不还。恒计见口，有盈者无受无还，不足者受种如法，盈者得卖其盈。诸宰民之官，各随近给公田有差，更代相付；卖者坐如律。

辛酉，魏魏郡王陈建卒。

魏员外散骑常侍李彪等来聘。

十二月，乙卯，魏以侍中淮南王佗为司徒。

柔然犯魏塞，魏任城王澄帅众拒之，柔然遁去。澄，云之子也。氐、羌反，诏以澄为都督梁、益、荆三州诸军事、梁州刺史。澄至州，讨叛柔服，氐、羌皆平。

初，太祖命黄门郎虞玩之等检定黄籍。上即位，别立校籍官，置令史，限人一日得数巧。既连年不已，民愁怨不安。外监会稽吕文度启上，籍被却者悉充远戍，民多逃亡避罪。富阳民唐寓之因以妖术惑众作乱，攻陷富阳，三吴却籍者奔之，众至三万。

文度与茹法亮、吕文显皆以奸谄有宠于上。文度为外监，专制兵权，领军守虚位而已。法亮为中书通事舍人，权势尤盛。王俭常曰：「我虽有大位，权寄岂及茹公邪！」

是岁，柔然部真可汗卒，子豆仑立，号伏名敦可汗，改元太平。

四年（丙寅，公元四八六年）

春，正月，癸亥朔，魏高祖朝会，始服衮冕。

壬午，柔然寇魏边。

唐寓之攻陷钱唐，吴郡诸县令多弃城走。寓之称帝于钱唐，立太子，置百官；遣其将高道度等攻陷东阳，杀东阳太守萧崇之。崇之，太祖族弟也。又遣其将孙泓寇山阴，至浦阳江，浃口戍主汤休武击破之。上发禁兵数千人，马数百匹，东击寓之。台军至钱唐，寓之众乌合，畏骑兵，一战而溃，擒斩寓之，进平诸郡县。

台军乘胜，颇纵抄掠。军还，上闻之，丁酉，收军主前军将军陈天福弃市；左军将军刘明彻免官、削爵，付东冶。天福，上宠将也，既伏诛，内外莫不震肃。使通事舍人丹阳刘系宗随军慰劳，遍至遭贼郡县，百姓被驱逼者悉无所问。

闰月，癸巳，立皇子子贞为邵陵王，皇孙昭文为临汝公。

氐王杨后起卒。丁未，诏以白水太守杨集始为北秦州刺史、武都王。集始，文弘之子也。后起弟后明为白水太守。魏亦以集始为武都王。集始入朝于魏，魏以为南秦州刺

史。

辛亥，帝耕籍田。

二月，己未，立皇弟銶为晋熙王，铉为河东王。

魏无乡党之法，唯立宗主督护；民多隐冒，三五十家始为一户。内秘书令李冲上言：『宜准古法：五家立邻长，五邻立里长，五里立党长，取乡人强谨者为之。邻长复一夫，里长二夫，党长三夫；三载无过，则升一等。其民调，一夫一妇，帛一匹，粟二石。大率十匹为公调，二匹为调外费，三匹为百官俸。此外复有杂调。民年八十已上，听一子不从役。孤独、癃老、笃疾、贫穷不能自存者，三长内迭养食之。』书奏，诏百官通议。中书令郑羲等皆以为不可。太尉丕曰：『臣谓此法若行，于公私有益。但方有事之月，校比户口，民必劳怨。请过今秋，至冬乃遣使者，于事为宜。』冲曰：『「民可使由之，不可使知之。」若不因调时，民徒知立长校户之勤，未见均徭省赋之益，心必生怨。宜及课调之月，令知赋税之均，既识其事，又得其利，行之差易。』群臣多言：『九品差调，为日已久，一旦改法，恐成扰乱。』文明太后曰：『立三长则课调有常准，苞荫之户可出，侥幸之人可止，何为不可！』甲戌，初立党、里、邻三长，定民户籍。

三月，丙申，柔然遣使者牟提如魏。时敕勒叛柔然，柔然伏名敦可汗自将讨之，追奔至西漠。魏左仆射穆亮等请乘虚击之，中书监高闾曰：『秦、汉之世，海内一统，故可远征匈奴。今南有吴寇，何可舍之深入虏庭！』魏主曰：『「兵者凶器，圣人不得已而用之。」先帝屡出征伐者，以有未宾之虏故也。今朕承太平之业，奈何无故动兵革乎！』厚礼其使者而归之。

夏，四月，辛酉朔，魏始制五等公服；甲子，初以法服、御辇祀南郊。

癸酉，魏主如灵泉池。戊寅，还宫。

湘州蛮反，刺史吕安国有疾不能讨；丁亥，以尚书左仆射柳世隆为湘州刺史，讨平之。

六月，辛酉，魏主如方山。

己卯，魏文明太后赐皇子恂名，大赦。

秋，七月，戊戌，魏主如方山。

八月，乙亥，魏给尚书五等爵已上朱衣、玉佩、大小组绶。

九月，辛卯，魏作明堂、辟雍。

冬，十一月，魏议定民官依户给俸。

十二月，柔然寇魏边。

是岁，魏改中书学曰国子学。分置州郡，凡三十八州，二十五在河南，十三在河北。

五年（丁卯，公元四八七年）

春，正月，丁亥朔，魏主诏定乐章，非雅者除之。

戊子，以豫章王嶷为大司马，竟陵王子良为司徒，临川王映、卫将军王俭、中军将军王敬则并加开府仪同三司。子良启记室范云为郡，上曰：『闻其常相卖弄，朕不复穷法，当宥之以远。』子良曰：『不然。云动相规诲，谏书具存。』遂取以奏，凡百馀纸，辞皆切直。上叹息，谓子良曰：『不谓云能尔；方使弼汝，何宜出守！』文惠太子尝出东田观获，顾谓众宾曰：『刈此亦殊可观。』众皆唯唯，云独曰：『三时之务，实为长勤。伏愿殿下知稼穑之艰难，无徇一朝之宴逸。』

荒人桓天生自称桓玄宗族，与雍、司二州蛮相扇动，据南阳故城，请兵于魏，将入寇。丁酉，诏假丹杨尹萧景先节，总帅步骑，直指义阳，司州诸军皆受节度；又假护军将军陈显达节，帅征虏将军戴僧静等水军向宛、叶，雍、司诸军皆受显达节度，以讨之。

魏光禄大夫咸阳文公高允，历事五帝，出入三省，五十馀年，未尝有谴；冯太后及魏主甚重之，常命中黄门苏兴寿扶侍。允仁恕简静，虽处贵重，情同寒素；执书吟览，昼夜不去手，诲人以善，恂恂不倦；笃亲念故，无所遗弃。显祖平青、徐，悉徙其望族于代，其人多允之婚媾，流离饥寒；允倾家赈施，咸得其所，又随其才行，荐之于朝。议者多以初附间之，允曰：『任贤使能，何有新旧！必若有用，岂可以此抑之！』允体素无疾，至是微有不适，犹起居如常，数日而卒，年九十八。赠侍中、司空，赙襚甚厚；魏初以来，存亡蒙赉，皆莫及也。

桓天生引魏兵万馀人至沘阳，陈显达遣戴僧静等与战于深桥，大破之，杀获万计。天生退保沘阳，僧静围之，不克而还。荒人胡丘生起兵悬瓠以应齐，魏人击破之，丘生来奔。天生又引魏兵寇舞阴，舞阴戍主殷公愍拒击破之，杀其副张麒麟，天生被创退走。三月，丁未，以陈显达为雍州刺史。显达进据舞阳城。

夏，五月，壬辰，魏主如灵泉池。

癸巳，魏南平王浑卒。

甲午，魏主还平城。诏复七庙子孙及外戚缌麻服已上，赋役无所与。

魏南部尚书公孙邃、上谷公张儵帅众与桓天生复寇舞阴，殷公愍击破之；天生还窜

荒中。遼，表之孙也。

魏春夏大旱，代地尤甚；加以牛疫，民馁死者多。六月，癸未，诏内外之臣极言无隐。齐州刺史韩麒麟上表曰：『古先哲王，储积九稔；逮于中代，亦崇斯业，入粟者与斩敌同爵，力田者与孝悌均赏。今京师民庶，不田者多，游食之口，叁分居二。自承平日久，丰穰积年，竞相矜夸，遂成侈俗。贵富之家，童妾袨服，工商之族，仆隶玉食，而农夫阙糟糠，蚕妇乏短褐。故耕者日少，田有荒芜；谷帛罄于府库，宝货盈于市里；衣食匮于室，丽服溢于路。饥寒之本，实在于斯。愚谓凡珍异之物，皆宜禁断，吉凶之礼，备为格式；劝课农桑，严加赏罚。数年之中，必有盈赡。往年校比户贯，租赋轻少。臣所统齐州，租粟才可给俸，略无入仓，虽于民为利，而不可长久。脱有戎役，或遭天灾，恐供给之方，无所取济。可减绢布，增益谷租；年丰多积，岁俭出赈。所谓私民之谷，寄积于官，官有宿积，则民无荒年矣。』秋，七月，己丑，诏有司开仓赈贷，听民出关就食。遣使者造籍，分遣去留，所过给粮廪，所至三长赡养之。

柔然伏名敦可汗残暴，其臣侯医垔石洛候数谏止之，且劝其与魏和亲。伏名敦怒，族诛之，由是部众离心。八月，柔然寇魏边，魏以尚书陆睿为都督，击柔然，大破之。睿，丽之子也。

初，高车阿伏至罗有部落十馀万，役属柔然。伏名敦之侵魏也，阿伏至罗谏，不听。阿伏至罗怒，与从弟穷奇帅部落西走，至前部西北，自立为王。国人号曰『候娄匐勒』，夏言天子也；号穷奇曰『候倍』，夏言太子也。二人甚亲睦，分部而立，阿伏至罗居北，穷奇居南。伏名敦追击之，屡为阿伏至罗所败，乃引众东徙。

九月，辛未，魏诏罢起部无益之作，出宫人不执机杼者。冬，十月，丁未，又诏罢尚方锦绣、绫罗之工；四民欲造，任之无禁。是时，魏久无事，府藏盈积。诏尽出御府衣服珍宝、太官杂器、太仆乘具、内库弓矢刀鉾十分之八，外府衣物、缯布、丝纩非供国用者，以其太半班赉百司，下至工、商、皂隶，逮于六镇边戍，畿内鳏、寡、孤、独、贫、癃，皆有差。

魏秘书令高祐、丞李彪奏请改《国书》编年为纪、传、表、志，魏主从之。祐，允之从祖弟也。十二月，诏彪与著作郎崔光改修《国书》。光，道固之从孙也。

魏主问高祐曰：『何以止盗？』对曰：『昔宋均立德，猛虎渡河；卓茂行化，蝗不入境。况盗贼，人也，苟守宰得人，治化有方，止之易矣。』祐又上疏言：『今之选举，不采识治之优劣，专简年劳之多少，斯非尽才之谓。宜停此薄艺，弃彼朽劳，唯才是举，则官方斯穆。又勋旧之臣，虽年勤可录而才非抚民者，可加之以爵赏，不宜委之以

方任，所谓王者可私人以财，不私人以官者也。』帝善之。

祐出为西兖州刺史，镇滑台。以郡国虽有学，县、党亦宜有之，乃命县立讲学，党立小学。

六年（戊辰，公元四八八年）

春，正月，乙未，魏诏：『犯死刑者，父母、祖父母年老，更无成人子孙，旁无期亲者，具状以闻。』

初，皇子右卫将军子响出继豫章王嶷；嶷后有子，表留为世子。子响每入朝，以车服异于诸王，每拳击车壁。上闻之，诏车服与皇子同。于是有司奏子响宜还本。三月，己亥，立子响为巴东王。

角城戍将张蒲，因大雾乘船入清中采樵，潜纳魏兵。戍主皇甫仲贤觉之，帅众拒战于门中，仅能却之。魏步骑三千馀人已至堑外，淮阴军主王僧庆等引兵救之，魏人乃退。

夏，四月，桓天生复引魏兵出据隔城，诏游击将军下邳曹虎督诸军讨之。辅国将军朱公恩将兵踏伏，遇天生游军，与战，破之，遂进围隔城。天生引魏兵步骑万馀人来战，虎奋击，大破之，俘斩二千馀人。明日，攻拔隔城，斩其襄城太守帛乌祝，复俘斩二千馀人。天生弃平氏城走。

陈显达侵魏；甲寅，魏遣豫州刺史拓跋斤将兵拒之。

甲子，魏大赦。

乙丑，魏主如灵泉池；丁卯，如方山；己巳，还宫。

魏筑城于醴阳，陈显达攻拔之，进攻沘阳。城中将士皆欲出战，镇将韦珍曰：『彼初至气锐，未可与争，且共坚守，待其力攻疲弊，然后击之。』乃凭城拒战，旬有二日，珍夜开门掩击，显达还。

五月，甲午，以宕昌王梁弥承为河、凉二州刺史。

秋，七月，己丑，魏主如灵泉池，遂如方山；己亥，还宫。

九月，壬寅，上如琅邪城讲武。

癸卯，魏淮南靖王佗卒。魏主方享宗庙，始荐，闻之，为废祭，临视哀恸。

冬，十月，庚申，立冬，初临太极殿读时令。

闰月，辛酉，以尚书仆射王奂为领军将军。

辛未，魏主如灵泉池；癸酉，还宫。

十二月，柔然伊吾戍主高羔子帅众三千以城附魏。

上以中外谷帛至贱，用尚书右丞江夏李珪之议，出上库钱五千万及出诸州钱，皆令

籴买。

西陵戍主杜元懿建言：『吴兴无秋，会稽丰登，商旅往来，倍多常岁。西陵牛埭税，官格日三千五百；如臣所见，日可增倍。并浦阳南北津、柳浦四埭，乞为官领摄一年，格外可长四百许万。西陵戍前检税，无妨戍事；馀三埭自举腹心。』上以其事下会稽，会稽行事吴郡顾宪之议以为：『始立牛埭之意，非苟逼蹴以取税也，乃以风涛迅险，济急利物耳。后之监领者不达其本，各务己功，或禁遏他道，或空税江行，按吴兴频岁失稔，今兹尤甚，去之从丰，良由饥棘。埭司责税，依格弗降，旧格新减，尚未议登，格外加倍，将以何术！皇慈恤隐，振廪蠲调；而元懿幸灾榷利，重增困瘼，人而不仁，古今共疾！若事不副言，惧贻谴诘，必百方侵苦，为公贾怨。元懿禀性苛刻，已彰往效；任以物土，譬以狼将羊，其所欲举腹心，亦当虎而冠耳。书云：「与其有聚敛之臣，宁有盗臣。」此言盗公为损盖微，敛民所害乃大也。愚又以便宜者，盖谓便于公，宜于民也。窃见顷之言便宜者，非能于民力之外，用天分地；率皆即日不宜于民，方来不便于公。名与实反，有乖政体。凡如此等，诚宜深察。』上纳之而止。

魏主访群臣以安民之术。秘书丞李彪上封事，以为：『豪贵之家，奢僭过度，第宅车服，宜为之等制。

『又，国之兴亡，在冢嗣之善恶；冢嗣之善恶，在教谕之得失。高宗文成皇帝尝谓群臣曰：「朕始学之日，年尚幼冲，情未能专；既临万机，不遑温习。今日思之，岂唯予咎，抑亦师傅之不勤。」尚书李䜣免冠谢。此近事之可鉴者也。臣谓宜准古立师傅之官，以训导太子。

『又，汉置常平仓以救匮乏。去岁京师不稔，移民就丰，既废营生，困而后达，又于国体，实有虚损。曷若豫储仓粟，安而给之，岂不愈于驱督老弱糊口千里之外哉！宜析州郡常调九分之二，京师度支岁用之馀，各立官司，年丰籴积之于仓，俭则加私之二粜之于人。如此，民必力田以取官绢，积财以取官粟。年登则常积，岁凶则直给。数年之中，谷积而人足，虽灾不为害矣。

『又，宜于河表七州人中，擢其门才，引令赴阙，依中州官比，随能序之。一可以广圣朝均新旧之义，二可以怀江、汉归有道之情。

『又，父子兄弟，异体同气，罪不相及，乃君上之厚恩。至于忧惧相连，固自然之恒理也。无情之人，父兄系狱，子弟无惨惕之容；子弟逃刑，父兄无愧恧之色；宴安荣位，游从自若，车马衣冠，不变华饰；骨肉之恩，岂当然也！臣愚以为父兄有犯，宜令子弟素服肉袒，诣阙请罪。子弟有坐，宜令父兄露版引咎，乞解所司；若职任必要，不

宜许者，慰勉留之。如此，足以敦厉凡薄，使人知所耻矣。

『又，朝臣遭亲丧者，假满赴职。衣锦乘轩，从郊庙之祀；鸣玉垂绥，同庆赐之燕。伤人子之道，亏天地之经。愚谓凡遭大父母、父母丧者，皆听终服；若无其人，职业有旷者，则优旨慰谕，起令视事，但综司出纳、敷奏而已，国之吉庆，一令无预。其军旅之警，墨缞从役，虽愆于礼，事所宜行也。』魏主皆从之。由是公私丰赡，虽时有水旱，而民不困穷。

魏遣兵击百济，为百济所败。

七年（己巳，公元四八九年）

春，正月，辛亥，上祀南郊，大赦。

魏主祀南郊，始备大驾。

壬戌，临川献王映卒。

初，上为镇西长史，主簿王晏以倾谄为上所亲，自是常在上府。上为太子，晏为中庶子。上之得罪于太祖也，晏称疾自疏。及即位，为丹阳尹，意任如旧，朝夕一见，议论朝事；自豫章王嶷及王俭皆降意接之。二月，壬寅，出为江州刺史；晏不愿外出，复留为吏部尚书。

三月，甲寅，立皇子子岳为临贺王，子峻为广汉王，子琳为宣城王，子珉为义安王。

夏，四月，丁丑，魏主诏曰：『升楼散物以赉百姓，至使人马腾践，多有伤毁；今可断之，以本所费之物，赐老疾贫独者。』

丁亥，魏主如灵泉池，遂如方山；己丑，还宫。

上优礼南昌文宪公王俭，诏三日一还朝，尚书令史出外谘事。上犹以往来烦数，复诏俭还尚书下省，月听十日出外。俭固求解选。诏改中书监，参掌选事。

五月，乙巳，俭卒。王晏既领选，权行台阁，与俭颇不平。礼官欲依王导，谥俭为文献。晏启上曰：『导乃得此谥；但宋氏以来，不加异姓。』出，谓亲人曰：『「平头宪」事已行矣。』

徐湛之之死也，其孙孝嗣在孕得免。八岁，袭爵枝江县公，尚宋康乐公主。及上即位，孝嗣为御史中丞，风仪端简。王俭谓人曰：『徐孝嗣将来必为宰相。』上尝问俭：『谁可继卿者？』俭曰：『臣东都之日，其在徐孝嗣乎！』俭卒，孝嗣时为吴兴太守，征为五兵尚书。

庚戌，魏主祭方泽。

上欲用领军王奂为尚书令，以问王晏。晏与奂不相能，对曰：『柳世隆有勋望，恐

不宜在奂后。』甲子，以尚书左仆射柳世隆为尚书令，王奂为左仆射。

六月，丁亥，上如琅邪城。

魏怀朔镇将汝阴灵王天赐、长安镇都大将、雍州刺史南安惠王桢，皆坐赃当死。冯太后及魏主临皇信堂，引见王公，太后令曰：『卿等以为当存亲以毁令邪？当灭亲以明法邪？』群臣皆言：『二王，景穆皇帝之子，宜蒙矜恕。』太后不应。魏主乃下诏，称：『二王所犯难恕，而太皇太后追惟高宗孔怀之恩；且南安王事母孝谨，闻于中外，并特免死，削夺官爵，禁锢终身。』初，魏朝闻桢贪暴，遣中散闾文祖诣长安察之，文祖受桢赂，为之隐；事觉，文祖亦抵罪。冯太后谓群臣曰：『文祖前自谓廉，今竟犯法。以此言之，人心信不可知！』魏主曰：『古有待放之臣。卿等自审不胜贪心者，听辞位归第。』宰官、中散慕容契进曰：『小人之心无常，而帝王之法有常；以无常之心奉有常之法，非所克堪，乞从退黜。』魏主曰：『契知心不可常，则知贪之可恶矣，何必求退！』迁宰官令。契，白曜之弟子也。

秋，七月，丙寅，魏主如灵泉池。

魏主使群臣议，『久与齐绝，今欲通使，何如？』尚书游明根曰：『朝廷不遣使者，又筑醴阳深入彼境，皆直在萧赜。今复遣使，不亦可乎！』魏主从之。八月，乙亥，遣

兼员外散骑常侍邢产等来聘。

九月，魏出宫人以赐北镇人贫无妻者。

冬，十一月，己未，魏安丰匡王猛卒。

十二月，丙子，魏河东王苟颓卒。

平南参军颜幼明等聘于魏。

魏以尚书令尉元为司徒，左仆射穆亮为司空。

豫章王嶷自以地位隆重，深怀退素，是岁，启求还第；上令其世子子廉代镇东府。

太子詹事张绪领扬州中正，长沙王晃属用吴兴闻人邕为州议曹，绪不许。晃使书佐固请，绪正色曰：『此是身家州乡，殿下何得见逼！』

侍中江敩为都官尚书。中书舍人纪僧真得幸于上，容表有士风，请于上曰：『臣出自本县武吏，邀逢圣时，阶荣至此；为儿昏得荀昭光女，即时无复所须，唯就陛下乞作士大夫。』上曰：『此由江敩、谢瀹，我不得措意，可自诣之。』僧真承旨诣敩，登榻坐定，敩顾命左右曰：『移吾床远客！』僧真丧气而退，告上曰：『士大夫故非天子所命！』敩，湛之孙；瀹，朏之弟也。

柔然别帅叱吕勤帅众降魏。

齐纪三 起上章敦牂，尽玄黓涒滩，凡三年。

世祖武皇帝中

永明八年（庚午，公元四九〇年）

春，正月，诏放隔城俘二千馀人还魏。

乙丑，魏主如方山；二月，辛未，如灵泉；壬申，还宫。

地豆干频寇魏边，夏，四月，甲戌，魏征西大将军阳平王颐击走之。颐，新城之子也。

甲午，魏遣兼员外散骑常侍邢产等来聘。

五月，己酉，库莫奚寇魏边，安州都将楼龙儿击走之。

秋，七月，辛丑，以会稽太守安陆侯缅为雍州刺史。缅，鸾之弟也。缅留心狱讼，得劫，皆赦遣，许以自新，再犯乃加诛；民畏而爱之。

癸卯，大赦。

丙午，魏主如方山；丙辰，遂如灵泉池；八月，丙寅朔，还宫。

河南王度易侯卒；乙酉，以其世子伏连筹为秦、河二州刺史，遣振武将军丘冠先拜授，且吊之。伏连筹逼冠先使拜，冠先不从，伏连筹推冠先坠崖而死。上厚赐其子雄；敕以丧委绝域，不可复寻，仕进无嫌。

荆州刺史巴东王子响，有勇力，善骑射，好武事，自选带仗左右六十人，皆有胆干；至镇，数于内斋以牛酒犒之。又私作锦袍、绛袄，欲以饷蛮，交易器仗。长史高平刘寅、司马安定席恭穆等连名密启。上敕精检。子响闻台使至不见敕，召寅、恭穆及咨议参军江悆、典签吴修之、魏景渊等诘之，寅等秘而不言；修之曰："既已降敕，政应方便答塞。"景渊曰："应先检校。"子响大怒，执寅等八人，于后堂杀之，具以启闻。上欲赦江悆，闻皆已死，怒。壬辰，以随王子隆为荆州刺史。

上欲遣淮南太守戴僧静将兵讨子响，僧静面启曰："巴东王年少，长史执之太急，忿不思难故耳。天子儿过误杀人，有何大罪！官忽遣军西上，人情惶惧，无所不至。僧静不敢奉敕。"上不答而心善之。乃遣卫尉胡谐之、游击将军尹略、中书舍人茹法亮帅斋仗数百人诣江陵，检捕群小，敕之曰："子响若束手自归，可全其命。"以平南内史张欣泰为谐之副。欣泰谓谐之曰："今段之行，胜既无名，负成奇耻。彼凶狡相聚，所以为其用者，或利赏逼威，无由自溃。若顿军夏口，宣示祸福，可不战而擒也。"谐之不从。欣泰，兴世之子也。

谐之等至江津，筑城燕尾洲。子响白服登城，频遣使与相闻，曰：『天下岂有儿反！身不作贼，直是粗疏。今便单舸还阙，受杀人之罪，何筑城见捉邪！』尹略独答曰：『谁将汝反父人共语！』子响唯洒泣，乃杀牛，具酒馔，饷台军，略弃之江流。子响呼茹法亮；法亮疑畏，不肯往。又求见传诏，法亮亦不遣，且执录其使。子响怒，遣所养勇士收集州、府兵二千人，从灵溪西渡；子响自与百馀人操万钧弩，宿江堤上。明日，府、州兵与台军战，子响于堤上发弩射之，台军大败；尹略死，谐之等单艇逃去。

上又遣丹阳尹萧顺之将兵继至，子响即日将白衣左右三十人，乘舴艋沿流赴建康。太子长懋素忌子响，顺之之发建康也，太子密谕顺之，使早为之所，勿令得还。子响见顺之，欲自申明；顺之不许，于射堂缢杀之。

子响临死，启上曰：『臣罪逾山海，分甘斧钺。敕遣谐之等至，竟无宣旨，便建旗入津，对城南岸筑城守。臣累遣书信呼法亮，乞白服相见；法亮终不肯。群小惧怖，遂致攻战，此臣之罪也。臣此月二十五日，束身投军，希还天阙，停宅一月，臣自取尽，可使齐代无杀子之讥，臣免逆父之谤。既不遂心，今便命尽。临启哽塞，知复何陈！』

有司奏绝子响属籍，削爵土，易姓蛸氏；诸所连坐，别下考论。

久之，上游华林园，见一猿透掷悲鸣，问左右，曰：『猿子前日坠崖死。』上思子响，因呜咽流涕。茹法亮颇为上所责怒，萧顺之惭惧，发疾而卒。豫章王嶷表请收葬子响；不许，贬为鱼复侯。

子响之乱，方镇皆启子响为逆，兖州刺史垣荣祖曰：『此非所宜言。正应云：「刘寅等孤负恩奖，逼迫巴东，使至于此。」』上省之，以荣祖为知言。

台军焚烧江陵府舍，官曹文书，一时荡尽。上以大司马记室南阳乐蔼屡为本州僚佐，引见，问以西事。蔼应对详敏，上悦，用为荆州治中，敕付以修复府州事。蔼缮修廨舍数百区，顷之咸毕，而役不及民，荆部称之。

九月，癸丑，魏太皇太后冯氏殂；高祖勺饮不入口者五日，哀毁过礼。中部曹华阴杨椿谏曰：『陛下荷祖宗之业，临万国之重，岂可同匹夫之节以取僵仆！群下惶灼，莫知所言。且圣人之礼，毁不灭性；纵陛下欲自贤于万代，其若宗庙何！』帝感其言，为之一进粥。

于是诸王公等皆诣阙上表，『请时定兆域，及依汉、魏故事，并太皇太后终制，既葬，公除。』诏曰：『自遭祸罚，慌惚如昨，奉侍梓宫，犹希仿佛。山陵迁厝，所未忍闻。』冬，十月，王公复上表固请，诏曰：『山陵可依典册；衰服之宜，情所未忍。』帝欲亲至陵所，戊辰，诏：『诸常从之具，悉可停之；其武卫之官，防侍如法。』癸酉，

葬文明太皇太后于永固陵。甲戌，帝谒陵，王公固请公除。诏曰：「比当别叙在心。」己卯，又谒陵。

庚辰，帝出至思贤门右，与群臣相慰劳。太尉丕等进言曰：「臣等以老朽之年，历奉累圣，国家旧事，颇所知闻。伏惟远祖有大讳之日，唯侍送梓宫者凶服，左右尽皆从吉；四祖三宗，因而无改。陛下以至孝之性，哀毁过礼。伏闻所御三食不满半溢，昼夜不释绖带。臣等叩心绝气，坐不安席。愿少抑至慕之情，奉行先朝旧典。」帝曰：「哀毁常事，岂足关言！朝夕食粥，粗可支任，诸公何足忧怖！祖宗情专武略，未修文教；朕今仰禀圣训，庶习古道，论时比事，又与先世不同。太尉等国老，政之所寄，于典记旧式或所未悉，且可知朕大意。其馀古今丧礼，朕且以所怀别问尚书游明根、高闾等，公可听之。」

帝因谓明根等曰：「圣人制卒哭之礼，授服之变，皆夺情以渐。今则旬日之间，言及即吉，特成伤理。」对曰：「臣等伏寻金册遗旨，逾月而葬，葬而即吉；故于下葬之初，奏练除之事。」帝曰：「朕惟中代所以不遂三年之丧，盖由君上违世，继主初立，君德未流，臣义不洽，故身袭衮冕，行即位之礼。朕诚不德，在位过纪，足令亿兆知有君矣。于此之时而不遂哀慕之心，使情礼俱失，深可痛恨！」高闾曰：「杜预，晋之硕学，论自古天子无有行三年之丧者，以为汉文之制，暗与古合，虽叔世所行，事可承踵。是以臣等慺慺干请。」帝曰：「窃寻金册之旨，所以夺臣子之心，令早即吉者，虑废绝政事故也。群公所请，其志亦然。朕今仰奉册令，俯顺群心，不敢暗默不言以荒庶政；唯欲衰麻废吉礼，朔望尽哀诚，情在可许，故专欲行之。如杜预之论，于孺慕之君，谅闇之主，盖亦诬矣。」秘书丞李彪曰：「汉明德马后保养章帝，母子之道，无可间然，及后之崩，葬不淹旬，寻已从吉。然汉章不受讥，明德不损名。愿陛下遵金册遗令，割哀从议。」帝曰：「朕所以眷恋衰绖，不从所议者，实情不能忍，岂徒苟免嗤嫌而已哉！今奉终俭素，一已仰遵遗册，但痛慕之心，事系于予，庶圣灵不夺至愿耳。」高闾曰：「陛下既不除服于上，臣等独除服于下，则为臣之道不足。又亲御衰麻，复听朝政，吉凶事杂，臣窃为疑。」帝曰：「先后抚念群下，卿等哀慕，犹不忍除，奈何令朕独忍之于至亲乎！今朕逼于遗册，唯望至期；虽不尽礼，蕴结差申。群臣各以亲疏、贵贱、远近为除服之差，庶几稍近于古，易行于今。」高闾曰：「昔王孙裸葬，士安去棺，其子皆从而不违。今亲奉遗令而有所不从，臣等所以频烦干奏。」李彪曰：「三年不改其父之道，可谓大孝。今不遵册令，恐涉改道之嫌。」帝曰：「王孙、士安皆诲子以俭，及其遵也，岂异今日！改父之道，殆与此殊。纵有所涉，甘受后代之讥，未忍今

日之请。」群臣又言：「春秋烝尝，事难废阙。」帝曰：「自先朝以来，恒有司行事；朕赖蒙慈训，常亲致敬。今昊天降罚，人神丧恃，赖宗庙之灵，亦辍歆祀。脱行飨荐，恐乖冥旨。」群臣又言：「古者葬而即吉，不必终礼，此乃二汉所以经纶治道，魏、晋所以纲理庶政也。」帝曰：「既葬即吉，盖季俗多乱，权宜救世耳。二汉之盛，魏、晋之兴，岂由简略丧礼、遗忘仁孝哉！平日之时，公卿每称当今四海晏然，礼乐日新，可以参美唐、虞，比盛夏、商。及至今日，即欲苦夺朕志，使不逾于魏、晋。如此之意，未解所由。」李彪曰：「今虽治化清晏，然江南有未宾之吴，漠北有不臣之虏，是以臣等犹怀不虞之虑。」帝曰：「鲁公带绖从戎，晋侯墨衰败敌，固圣贤所许。如有不虞，虽越绋无嫌，而况衰麻乎！岂可于晏安之辰豫念军旅之事，以废丧纪哉！古人亦有称王者除衰而谅暗终丧者，若不许朕衰服，则当除衰拱默，委政冢宰。二事之中，唯公卿所择。」游明根曰：「渊默不言，则大政将旷；仰顺圣心，请从衰服。」太尉丕曰：「臣与尉元历事五帝，魏家故事，尤讳之后三月，必迎神于西，禳恶于北，具行吉礼，自皇始以来，未之或改。」帝曰：「若能以道事神，不迎自至；苟失仁义，虽迎不来。此乃平日所不当行，况居丧乎！朕在不言之地，不应如此喋喋；但公卿执夺朕情，遂成往复，追用悲绝。」遂号恸，群官亦哭而辞出。

初，太后忌帝英敏，恐不利于己，欲废之，盛寒，闭于空室，绝其食三日；召咸阳王禧，将立之。太尉东阳王丕、尚书右仆射穆泰、尚书李冲固谏，乃止。帝初无憾意，唯深德丕等。泰，崇之玄孙也。

又有宦者谮帝于太后，太后杖帝数十；帝默然受之，不自申理；及太后殂，亦不复追问。

甲申，魏主谒永固陵。辛卯，诏曰：「群官以万机事重，屡求听政。但哀慕缠绵，未堪自力。近侍先掌机衡者，皆谋猷所寄，且可委之；如有疑事，当时与论决。」

交州刺史清河房法乘，专好读书，常属疾不治事，由是长史伏登之得擅权，改易将吏，不令法乘知。录事房季文白之，法乘大怒，系登之于狱十馀日。登之厚赂法乘妹夫崔景叔，得出，因将部曲袭州，执法乘，谓之曰：「使君既有疾，不宜烦劳。」囚之别室。法乘无事，复就登之求书读之，登之曰：「使君静处，犹恐动疾，岂可看书！」遂不与。乃启法乘心疾动，不任视事。十一月，乙卯，以登之为交州刺史。法乘还，至岭而卒。

十二月，己卯，立皇子子建为湘东王。

初，太祖以南方钱少，更欲铸钱。建元末，奉朝请孔觊上言，以为：「食货相通，

理势自然。李悝云：「籴甚贵伤民，甚贱伤农。」甚贱甚贵，其伤一也。三吴，国之关奥，比岁时被水潦而籴不贵，是天下钱少，非谷贱，此不可不察也。铸钱之弊，在轻重屡变。重钱患难用，而难用为累轻；轻钱弊盗铸，而盗铸为祸深。民所以盗铸，严法不能禁者，由上铸钱惜铜爱工也。惜铜爱工者，意谓钱为无用之器，以通交易，务欲令质轻而数多，使省工而易成，不详虑其为患也。夫民之趋利，如水走下。今开其利端，从以重刑，是导其为非而陷之于死，岂为政欤！汉兴，铸轻钱，民巧伪者多。至元狩中，始惩其弊，乃铸五铢钱，周郭其上下，令不可磨取鋊，而民计其费不能相偿，私铸益少，此不惜铜不爱工之效也。王者不患无铜乏工，每令民不能竞，则盗铸绝矣。宋文帝铸四铢，至景和，钱益轻，虽有周郭，而镕冶不精，于是盗铸纷纭而起，不可复禁。此惜铜爱工之验也。凡铸钱，与其不衷，宁重无轻。自汉铸五铢至宋文帝，历五百馀年，制度世有废兴，而不变五铢者明其轻重可法、得货之宜故也。按今钱文率皆五铢，异钱时有耳。自文帝铸四铢，又不禁民翦凿，为祸既博，钟弊于今，岂不悲哉！晋氏不铸钱，后经寇戎水火，耗散沈铄，所失岁多，譬犹磨砻砥砺，不见其损，有时而尽，天下钱何得不竭！钱竭则士、农、工、商皆丧其业，民何以自存！愚以为宜如旧制，大兴镕铸，钱重五铢，一依汉法。若官铸者已布于民，便严断翦凿，轻小破缺无周郭者，悉不得行。官钱细小者，称合铢两，销以为大，利贫良之民，塞奸巧之路。钱货既均，远近若一，百姓乐业，市道无争，衣食滋殖矣。」太祖然之，使诸州郡大市铜炭。会晏驾，事寝。

是岁，益州行事刘悛上言：「蒙山下有严道铜山，旧铸钱处，可以经略。」上从之，遣使入蜀铸钱。顷之，以功费多而止。

自太祖治黄籍，至上，谪巧者戍缘淮各十年，百姓怨望。乃下诏：「自宋升明以前，皆听复注；其有谪役边疆，各许还本；此后有犯，严加翦治。」

长沙威王晃卒。

吏部尚书王晏陈疾自解，上欲以西昌侯鸾代晏领选，手敕问之。晏启曰：「鸾清干有馀；然不谙百氏，恐不可居此职。」上乃止。

以百济王牟大为镇东大将军、百济王。

高车阿伏至罗及穷奇遣使如魏，请为天子讨除蠕蠕，魏主赐以绣袴褶及杂彩百匹。

九年（辛未，公元四九一年）

春，正月，辛丑，上祀南郊。

丁卯，魏主始听政于皇信东室。

诏太庙四时之祭：荐宣皇帝，起面饼、鸭腌；孝皇后，笋、鸭卵；高皇帝，肉脍、菹羹；昭皇后，茗、粣、炙鱼：皆所嗜也。上梦太祖谓己：「宋氏诸帝常在太庙从我求食，可别为吾致祠。」乃命豫章王妃庾氏四时祠二帝、二后于清溪故宅。牲牢、服章，皆用家人礼。

臣光曰：昔屈到嗜芰，屈建去之，以为不可以私欲干国之典，况子为天子，而以庶人之礼祭其父，违礼甚矣！卫成公欲祀相，宁武子犹非之；而况降祀祖考于私室，使庶妇尸之乎！

初，魏主召吐谷浑王伏连筹入朝，伏连筹辞疾不至，辄修洮阳、泥和二城，置戍兵焉。二月，乙亥，魏枹罕镇将长孙百年请击二戍，魏主许之。

散骑常侍裴昭明、散骑侍郎谢竣如魏吊，欲以朝服行事。魏主客曰：「吊有常礼，何得以朱衣入凶庭！」昭明等曰：「受命本朝，不敢辄易。」往返数四，昭明等固执不可。魏主命尚书李冲选学识之士与之言，冲奏遣著作郎上谷成淹。昭明等曰：「魏朝不听使者朝服，出何典礼？」淹曰：「吉凶不相厌。羔裘玄冠不以吊，此童稚所知也。昔季孙如晋，求遭丧之礼以行。今卿自江南远来吊魏，方问出何典礼；行人得失，何其远哉！」昭明曰：「二国之礼，应相准望。齐高皇帝之丧，魏遣李彪来吊，初不素服，齐

朝亦不以为疑，何至今日独见要逼！」淹曰：「齐不能行亮阴之礼，逾月即吉。彪奉使之日，齐之君臣，鸣玉盈庭，貂珰曜目。彪不得主人之命，敢独以素服厕其间乎？皇帝仁孝，侔于有虞，执亲之丧，居庐食粥，岂得以此方彼乎？」昭明曰：「三王不同礼，孰能知其得失！」淹曰：「然而虞舜、高宗皆非邪？」昭明、竣相顾而笑曰：「非孝者无亲，何可当也！」乃曰：「使人之来，唯赍袴褶，此既戎服，不可以吊，唯主人裁其吊服！然违本朝之命，返必获罪。」淹曰：「使彼有君子，卿将命得宜，且有厚赏。若无君子，卿出而光国，得罪何伤！自当有良史书之。」乃以衣、帢给昭明等，使服以致命。己丑，引昭明等入见，文武皆哭尽哀。魏主嘉淹之敏，迁侍郎，赐绢百匹。昭明，驷之子也。

始兴简王鉴卒。

三月，甲辰，魏主谒永固陵。夏，四月，癸亥朔，设荐于太和庙。魏主始进蔬食，追感哀哭，终日不饭；侍中冯诞等谏，经宿乃饭。甲子，罢朝夕哭。乙丑，复谒永固陵。

魏自正月不雨，至于癸酉，有司请祈百神。帝曰：「成汤遭旱，以至诚致雨，固不在曲祷山川。今普天丧恃，幽显同哀，何宜四气未周，遽行祀事！唯当责躬以待天谴。」

甲戌，魏员外散骑常侍李彪等来聘，为之置燕设乐。彪辞乐，且曰：「主上孝思罔极，兴坠正失。去三月晦，朝臣始除衰绖，犹以素服从事，是以使臣不敢承奏乐之赐。」朝廷从之。彪凡六奉使，上甚重之。将还，上亲送至琅邪城，命群臣赋诗以宠之。

己卯，魏作明堂，改营太庙。

五月，己亥，魏主更定律令于东明观，亲决疑狱；命李冲议定轻重，润色辞旨，帝执笔书之。李冲忠勤明断，加以慎密，为帝所委，情义无间；旧臣贵戚，莫不心服，中外推之。

乙卯，魏长孙百年攻洮阳、泥和二戍，克之，俘三千馀人。

丙辰，魏初造五辂。

六月，甲戌，以尚书左仆射王奂为雍州刺史。

丁未，魏济阴王郁以贪残赐死。

秋，闰七月，乙丑，魏主谒永固陵。

己卯，魏主诏曰：「烈祖有创业之功，世祖有开拓之德，宜为祖宗，百世不迁。平文之功少于昭成，而庙号太祖，道武之功高于平文，而庙号烈祖，于义未允。朕今奉尊烈祖为太祖，以世祖、显祖为二祧，馀皆以次而迁。」

八月，壬辰，又诏议养老及禋于六宗之礼。先是，魏常以正月吉日于朝廷设幕，中置松柏树，设五帝座而祠之。又有探策之祭。帝皆以为非礼，罢之。戊戌，移道坛于桑乾之阴，改曰崇虚寺。

乙巳，帝引见群臣，问以「「禘祫」，王、郑之义，是非安在？」尚书游明根等从郑，中书监高闾等从王。诏：「圜丘、宗庙皆有禘名，从郑；禘祫并为一祭，从王；著之于令。」戊午，又诏：「国家飨祀诸神，凡一千二百馀处；今欲减省群祀，务从简约。」又诏：「明堂、太庙，配祭、配享，于斯备矣。白登、崞山、鸡鸣山庙，唯遣有司行事。冯宣王庙在长安，宜敕雍州以时供祭。」又诏：「先有水火之神四十馀名及城北星神，今圜丘之下既祭风伯、雨师、司中、司命，明堂祭门、户、井、灶、中霤，四十神悉可罢之。」甲寅，诏曰：「近论朝日、夕月，皆欲以二分之日于东、西郊行礼。然月有馀闰，行无常准。若一依分日，或值月于东而行礼于西，序情即理，不可施行。昔秘书监薛谓等以为朝日以朔，夕月以朏。卿等意谓朔朏、二分，何者为是？」尚书游明根等请用朔朏，从之。

丙辰，魏有司上言，求卜祥日。诏曰：「筮日求吉，既乖敬事之志，又违永慕之心；今直用晦日。」九月，丁丑夜，帝宿于庙，帅群臣哭已，帝易服缟冠、革带、黑屦，

侍臣易服黑介帻、白绢单衣、革带、乌履，遂哭尽乙夜。戊子晦，帝易祭服，缟冠素纰、白布深衣、麻绳履，侍臣去帻易帢。既祭，出庙，帝立哭。久之，乃还。

冬，十月，魏明堂、太庙成。

庚寅，魏主谒永固陵，毁瘠犹甚。司空穆亮谏曰：『陛下祥练已阕，号慕如始。王者为天地所子，为万民父母，未有子过哀而父母不戚，父母忧而子独悦豫者也。今和气不应，风旱为灾，愿陛下袭轻服，御常膳，銮舆时动，咸秩百神，庶使天人交庆。』诏曰：『孝悌之至，无所不通。今飘风、旱气，皆诚慕未浓，幽显无感也。所言过哀之咎，谅为未衷。』十一月，己未朔，魏主禫于太和庙，衮冕以祭。既而服黑介帻，素纱深衣，拜陵而还。癸亥，冬至，魏主祀圜丘，遂祀明堂，还，至太和庙，乃入。甲子，临太华殿，服通天冠，绛纱袍，以飨群臣。乐县而不作。丁卯，服衮冕，辞太和庙，帅百官奉神主迁于新庙。

乙亥，魏大定官品。戊戌，考诸牧守。

魏假通直散骑常侍李彪等来聘。

魏旧制，群臣季冬朝贺，服裤褶行事，谓之小岁；丙戌，诏罢之。

十二月，壬辰，魏迁社于内城之西。

魏以安定王休为太傅，刘郡王简为太保。

高丽王琏卒，寿百餘岁。魏主为之制素委貌，布深衣，举哀于东郊；遣谒者仆射李安上策赠太傅，谥曰康。孙云嗣立。

乙酉，魏主始迎春于东郊。自是四时迎气皆亲之。

初，魏世祖克统万及姑臧，获雅乐器服工人，并存之。其后累朝无留意者，乐工浸尽，音制多亡。高祖始命有司访民间晓音律者，议定雅乐，当时无能知者。然金、石、羽旄之饰，稍壮丽于往时矣。辛亥，诏简置乐官，使修其职，又命中书监高闾参定。

初，晋张斐、杜预共注《律》三十卷，自泰始以来用之。《律》文简约，或一章之中，两家所处，生杀顿异，临时斟酌，吏得为奸。上留心法令，诏狱官详正旧注。七年，尚书删定郎王植集定二注，表奏之。诏公卿、八座参议考正，竟陵王子良总其事；众议异同不能壹者，制旨平决。是岁，书成。廷尉山阴孔稚珪上表，以为：『《律》文虽定，苟用失其平，则法书徒明于袠里，冤魂犹结于狱中。窃寻古之名流，多有法学；今之士子，莫肯为业。纵有习者，世议所轻，将恐此书永沦走吏之手矣。今若置《律》助教，依《五经》例，国子生有欲读者，策试高第，即加擢用，以补内外之官，庶几士流有所劝慕。』诏从其请，事竟不行。

初，林邑王范阳迈，世相承袭，夷人范当根纯攻夺其国，遣使献金䥫等物。诏以当根纯为都督缘海诸军事、林邑王。

魏冀州刺史咸阳王禧入朝。有司奏：「冀州民三千人称禧清明有惠政，请世胙冀州。」魏主诏曰：「利建虽古，未必今宜；经野由君，理非下情。」以禧为司州牧、都督司、豫等六州诸军事。

初，魏文明太后宠任宦者略阳苻承祖，官至侍中，知都曹事，赐以不死之诏。太后殂，承祖坐赃应死，魏主原之，削职禁锢于家，仍除悖义将军，封佞浊子，月馀而卒。承祖方用事，亲姻争趋附以求利。其从母杨氏为姚氏妇独否，常谓承祖之母曰：「姊虽有一时之荣，不若妹有无忧之乐。」姊与之衣服，多不受；强与之，则曰：「我夫家世贫，美衣服使人不安。」不得已，或受而埋之。与之奴婢，则曰：「我家无食，不能饲也。」常著弊衣，自执劳苦。承祖遣车迎之，不肯起；强使人抱置车上，则大哭曰：「尔欲杀我！」由是苻氏内外号为「痴姨」。及承祖败，有司执其二姨至殿廷。其一姨伏法。帝见姚氏姨贫弊，特赦之。

李惠之诛也，思皇后之昆弟皆死。惠从弟凤为安乐王长乐主簿，长乐坐不轨，诛，凤亦坐死。凤子安祖等四人逃匿获免，遇赦乃出。既而魏主访舅氏存者，得安祖等，皆封侯，加将军。既而引见，谓曰：「卿之先世，再获罪于时。王者设官以待贤才，由外戚而举者，季世之法也。卿等既无异能，且可还家。自今外戚无能者视此。」后又例降爵为伯，去其军号。时人皆以为帝待冯氏太厚，待李氏太薄；太常高闾尝以为言，帝不听。及世宗尊宠外家，乃以安祖弟兴祖为中山太守，追赠李惠开府仪同三司、中山公，谥曰庄。

十年（壬申，公元四九二年）

春，正月，戊午朔，魏主朝飨群臣于太华殿，悬而不乐。

己未，魏主宗祀显祖于明堂以配上帝，遂登灵台以观云物，降居青阳左个，布政事。自是每朔依以为常。

辛酉，魏始以太祖配南郊。

散骑常侍庾荜等聘于魏，魏主使侍郎成淹引荜等于馆南，瞻望行礼。

魏主命群臣议行次。中书监高闾议，以为：「帝王莫不以中原为正统，不以世数为与夺，善恶为是非。故桀、纣至虐，不废夏、商之历；厉、惠至昏，无害周、晋之录。晋承魏为金，赵承晋为水，燕承赵为木，秦承燕为火。秦之既亡，魏乃称制玄朔；且魏之得姓，出于轩辕；臣愚以为宜为土德。」秘书丞李彪、著作郎崔光等议，以为：「神

元与晋武往来通好，至于桓、穆，志辅晋室，是则司马祚终于郏鄏，而拓跋受命于云代。昔秦并天下，汉犹比之共工，卒继周为火德；况刘、石、苻氏，地褊世促，魏承其弊，岂可舍晋而为土邪？」司空穆亮等皆请从彪等议。壬戌，诏承晋为水德，神申、腊辰。

甲子，魏罢租课。魏宗室及功臣子孙封王者众，乙丑，诏：「自非烈祖之胄，馀王皆降为公，公降为侯，而品如旧。」蛮王桓诞亦降为公；唯上党王长孙观，以其祖有大功，特不降。丹阳王刘昶封齐郡公，加号宋王。

魏旧制，四时祭庙皆用中节，丙子，诏始用孟月，择日而祭。

以竟陵王子良领尚书令。

魏主毁太华殿，为太极殿。二月，戊子，徙居永乐宫。以尚书李冲领将作大匠，与司空穆亮共营之。

辛卯，魏罢寒食飨。

甲午，魏主始朝日于东郊。自是朝日、夕月皆亲之。

丁酉，诏祀尧于平阳，舜于广宁，禹于安邑，周公于洛阳，皆令牧守执事；其宣尼之庙，祀于中书省。丁未，改谥宣尼曰文圣尼父，帝亲行拜祭。

魏旧制，每岁祀天于西郊，魏主与公卿从二千馀骑，戎服遶坛，谓之蹹坛。明日，复戎服登坛致祀，已又遶坛，谓之遶天。三月，癸酉，诏尽省之。

辛巳，魏以高丽王云为督辽海诸军事、辽东公、高句丽王，诏云遣其世子入朝。云辞以疾，遣其从叔升干随使者诣平城。

夏，四月，丁亥朔，魏班新律令，大赦。

辛丑，豫章文献王嶷卒，赠假黄钺、都督中外诸军事、丞相，丧礼皆如汉东平献王故事。嶷性仁谨廉俭，不以财贿为事。斋库失火，烧荆州还资，评直三千馀万，主局各杖数十而已。疾笃，遗令诸子曰：「才有优劣，位有通塞，运有贫富，此自然之理，无足以相陵侮也。」上哀痛特甚，久之，语及嶷，犹歔欷流涕。嶷卒之日，第库无见钱，上敕月给嶷第钱百万，终上之世乃省。

五月，己巳，以竟陵王子良为扬州刺史。

魏文明太后之丧，使人告于吐谷浑。吐谷浑王伏连筹拜命不恭，群臣请讨之，魏主不许；又请还其贡物，帝曰：「贡物乃人臣之礼。今而不受，是弃绝之，彼虽欲自新，其路无由矣。」因命归洮阳、泥和之俘。

秋，七月，庚申，吐谷浑遣其世子贺虏头入朝于魏。诏以伏连筹为都督西垂诸军

事、西海公、吐谷浑王，遣兼员外散骑常侍张礼使于吐谷浑。伏连筹谓礼曰：「曩者宕昌常自称名而见谓为大王，今忽称仆，又拘执使人；欲使偏师往问，何如？」礼曰：「君与宕昌皆为魏藩，比辄兴兵攻之，殊违臣节。离京师之日，宰辅有言，以为君能自知其过，则藩业可保；若其不悛，祸难将至矣。」伏连筹默然。

甲戌，魏遣兼员外散骑常侍广平宋弁等来聘。及还，魏主问弁：「江南何如？」弁曰：「萧氏父子无大功于天下，既以逆取，不能顺守；政令苛碎，赋役繁重；朝无股肱之臣，野有愁怨之民。其得没身幸矣，非贻厥孙谋之道也。」

八月，乙未，魏以怀朔镇将阳平王颐、镇北大将军陆睿皆为都督，督十二将，步骑十万，分为三道以击柔然：中道出黑山，东道趣士卢河，西道趣侯延河。军过大碛，大破柔然而还。

初，柔然伏名敦可汗与其叔父那盖，分道击高车阿伏至罗，伏名敦屡败，那盖屡胜。国人以那盖为得天助，乃杀伏名敦而立那盖，号候其伏代库者可汗，改元太安。

魏司徒尉元、大鸿胪卿游明根累表请老，魏主许之。引见，赐元玄冠、素衣，明根委貌、青纱单衣，及被服杂物等而遣之。魏主亲养三老、五更于明堂。己酉，诏以元为三老，明根为五更。帝再拜三老，亲袒割牲，执爵而馈；肃拜五更，且乞言焉，元、明根劝以孝友化民。又养庶老、国老于阶下。礼毕，各赐元、明根以步挽车及衣服，禄三老以上公，五更以元卿。

九月，甲寅，魏主序昭穆于明堂，祀文明太后于玄室。辛未，魏主以文明太后再期，哭于永固陵左，终日不辍声，凡二日不食。甲戌，辞陵，还永乐宫。

武兴氐王杨集始寇汉中，至白马。梁州刺史阴智伯遣军主桓卢奴、阴冲昌等击破之，俘斩数千人。集始走还武兴，请降于魏；辛巳，入朝于魏。魏以集始为南秦州刺史、汉中郡侯、武兴王。

冬，十月，甲午，上殷祭太庙。

庚戌，魏以安定王休为大司马，特进冯诞为司徒。诞，熙之子也。

魏太极殿成。

十二月，司徒参军萧琛、范云聘于魏。魏主甚重齐人，亲与谈论。顾谓群臣曰：「江南多好臣。」侍臣李元凯对曰：「江南多好臣，岁一易主；江北无好臣，百年一易主。」魏主甚惭。

上使太子家令沈约撰《宋书》，疑立《袁粲传》，审之于上。上曰：「袁粲自是宋室忠臣。」约又多载宋世祖、太宗诸鄙渎事。上曰：「孝武事迹，不容顿尔。我昔经事明

帝，卿可思讳恶之义。』于是多所删除。

是岁，林邑王范阳迈之孙诸农，帅种人攻范当根纯，复得其国。诏以诸农为都督缘海诸军事、林邑王。

魏南阳公郑羲与李冲婚姻，冲引为中书令。出为西兖州刺史，在州贪鄙。文明太后为魏主纳其女为嫔，征为秘书监。及卒，尚书奏谥曰宣。诏曰：『盖棺定谥，激扬清浊。故何曾虽孝，良史载其缪丑；贾充有劳，直士谓之荒公。羲虽宿有文业，而治阙廉清。尚书何乃情违至公，愆违明典！依《谥法》：「博闻多见曰文，不勤成名曰灵。」可赠以本官，加谥文灵。』

资治通鉴卷第一百三十八

齐纪四 昭阳作噩，一年。

世祖武皇帝下

永明十一年（癸酉，公元四九三年）

春，正月，以骠骑大将军王敬则为司空，镇军大将军陈显达为江州刺史。显达自以门寒位重，每迁官，常有愧惧之色，戒其子勿以富贵陵人；而诸子多事豪侈，显达闻之，不悦。子休尚为郢府主簿，过九江。显达曰：『麈尾蝇拂是王、谢家物，汝不须捉此！』即取于前烧之。

初，上于石头造露车三千乘，欲步道取彭城。魏人知之，刘昶数泣诉于魏主，乞处边戍，招集遗民，以雪私耻。魏主大会公卿于经武殿，以议南伐，于淮、泗间大积马刍。上闻之，以右卫将军崔慧景为豫州刺史以备之。

魏遣员外散骑侍郎邢峦等来聘。峦，颖之孙也。

丙子，文惠太子长懋卒。太子风韵甚和，上晚年好游宴，尚书曹事分送太子省之，由是威加内外。

太子性奢靡，治堂殿、园囿过于上宫，费以千万计，恐上望见之，乃傍门列修竹；

凡诸服玩，率多僭侈。启于东田起小苑，使东宫将吏更番筑役，营城包巷，弥亘华远。上性虽严，多布耳目，太子所为，人莫敢以闻。上尝过太子东田，见其壮丽，大怒，收监作主帅；太子皆藏之，由是大被诮责。

又使嬖人徐文景造辇及乘舆御物；上尝幸东宫，匆匆不暇藏辇，文景乃以佛像内辇中，故上不疑。文景父陶仁谓文景曰：『我正当扫墓待丧耳！』仍移家避之。后文景竟赐死，陶仁遂不哭。

及太子卒，上履行东宫，见其服玩，大怒，敕有司随事毁除。以竟陵王子良与太子善，而不启闻，并责之。

太子素恶西昌侯鸾，尝谓子良曰：『我意中殊不喜此人，不解其故，当由其福薄故也。』子良为之救解。及鸾得政，太子子孙无遗焉。

二月，魏主始耕藉田于平城南。

雍州刺史王奂恶宁蛮长史刘兴祖，收系狱，诬其构扇山蛮，欲为乱，敕送兴祖下建康；奂于狱中杀之，诈云自经。上大怒，遣中书舍人吕文显、直阁将军曹道刚将斋仗五百人收奂，敕镇西司马曹虎从江陵步道会襄阳。

奂子彪，素凶险，奂不能制。长史殷睿，奂之婿也。谓奂曰：『曹、吕来，既不见

真敕，恐为奸变，正宜录取，驰启闻耳。」奂纳之。彪辄发州兵千馀人，开库配甲仗，出南堂，陈兵，闭门拒守。奂门生郑羽叩头启奂，乞出城迎台使，奂曰：「我不作贼，欲先遣启自申；正恐曹、吕等小人相陵藉，故且闭门自守耳。」彪遂出，与虎军战，兵败，走归。三月，乙亥，司马黄瑶起、宁蛮长史河东裴叔业于城内起兵，攻奂，斩之，执彪及弟爽、弼、殷睿，皆伏诛。彪兄融、琛死于建康，琛弟秘书丞肃独得脱，奔魏。

夏，四月，甲午，立南郡王昭业为皇太孙，东宫文武悉改为太孙官属，以太子妃琅邪王氏为皇太孙太妃，南郡王妃何氏为皇太孙妃。妃，戢之女也。

魏太尉丕等请建中宫，戊戌，立皇后冯氏。后，熙之女也。魏主以《白虎通》云：「王者不臣妻之父母」，下诏令太师上书不称臣，入朝不拜；熙固辞。

光城蛮帅征虏将军田益宗帅部落四千馀户叛，降于魏。

五月，壬戌，魏主宴四庙子孙于宣文堂，亲与之齿，用家人礼。

甲子，魏主临朝堂，引公卿以下决疑政，录囚徒。帝谓司空穆亮曰：「自今朝廷政事，日中以前，卿等先自论议；日中以后，朕与卿等共决之。」

丙子，以宜都王铿为南豫州刺史。先是庐陵王子卿为南豫州刺史，之镇，道中戏部伍为水军；上闻之，大怒，杀其典签，以铿代之。子卿还第，上终身不与相见。

襄阳蛮酋雷婆思等帅户千馀求内徙于魏，魏人处之沔北。

魏主以平城地寒，六月雨雪，风沙常起，将迁都洛阳；恐群臣不从，乃议大举伐齐，欲以胁众。斋于明堂左个，使太常卿王谌筮之，遇「革」，帝曰：「『汤、武革命，应乎天而顺乎人。』吉孰大焉！」群臣莫敢言。尚书任城王澄曰：「陛下奕叶重光，帝有中土；今出师以征未服，而得汤、武革命之象，未为全吉也。」帝厉声曰：「繇云：『大人虎变』，何言不吉！」澄曰：「陛下龙兴已久，何得今乃虎变！」帝作色曰：「社稷我之社稷，任城欲沮众邪！」澄曰：「社稷虽为陛下之有，臣为社稷之臣，安可知危而不言！」帝久之乃解，曰：「各言其志，夫亦何伤！」

既还宫，召澄入见，逆谓之曰：「向者《革卦》，今当更与卿论之。明堂之忿，恐人人竞言，沮我大计，故以声色怖文武耳。想识朕意。」因屏人，谓澄曰：「今日之举，诚为不易。但国家兴自朔土，徙居平城；此乃用武之地，非可文治。今将移风易俗，其道诚难，朕欲因此迁宅中原，卿以为何如？」澄曰：「陛下欲卜宅中土，以经略四海，此周、汉之所以兴隆也。」帝曰：「北人习常恋故，必将惊扰，奈何？」澄曰：「非常之事，故非常人之所及。陛下断自圣心，彼亦何所能为！」帝曰：「任城，吾之子房也！」

六月，丙戌，命作河桥，欲以济师。秘书监卢渊上表，以为：『前世承平之主，未尝亲御六军，决胜行陈之间；岂非胜之不足为武，不胜有亏威望乎！昔魏武以弊卒一万破袁绍，谢玄以步兵三千摧苻秦，胜负之变，决于须臾，不在众寡也。』诏报曰：『承平之主，所以不亲戎事者，或以同轨无敌，或以懦劣偷安。今谓之同轨则未然，比之懦劣则可耻，必若王者不当亲戎，则先王制革辂，何所施也？魏武之胜，盖由仗顺；苻氏之败，亦由失政；岂寡必能胜众，弱必能制强邪！』丁未，魏主讲武，命尚书李冲典武选。

建康僧法智与徐州民周盘龙等作乱，夜，攻徐州城，入之；刺史王玄邈讨诛之。

秋，七月，癸丑，魏立皇子恂为太子。

戊午，魏中外戒严，发露布及移书，称当南伐。诏发扬、徐州民丁，广设召募以备之。

中书郎王融，自恃人地，三十内望为公辅。尝夜直省中，抚案叹曰：『为尔寂寂，邓禹笑人！』行逢朱雀桁开，喧湫不得进，捶车壁叹曰：『车前无八驺，何得称丈夫！』竟陵王子良爱其文学，特亲厚之。

融见上有北伐之志，数上书奖劝，因大习骑射。及魏将入寇，子良于东府募兵，版融宁朔将军，使典其事。融倾意招纳，得江西伧楚数百人，并有干用。

会上不豫，诏子良甲仗入延昌殿侍医药；子良以萧衍、范云等皆为帐内军主。戊辰，遣江州刺史陈显达镇樊城。上虑朝野忧遑，力疾召乐府奏正声伎。子良日夜在内，太孙间日参承。

戊寅，上疾亟，暂绝；太孙未入，内外惶惧，百僚皆已变服。王融欲矫诏立子良，诏草已立。萧衍谓范云曰：『道路籍籍，皆云将有非常之举。王元长非济世才，视其败也。』云曰：『忧国家者，唯有王中书耳。』衍曰：『忧国，欲为周、召，欲为竖刁邪？』云不敢答。及太孙来，王融戎服绛衫，于中书省阁口断东宫仗不得进。顷之，上复苏，问太孙所在，因召东宫器甲皆入，以朝事委尚书左仆射西昌侯鸾。俄而上殂，融处分以子良兵禁诸门。鸾闻之，急驰至云龙门，不得进，鸾曰：『有敕召我！』排之而入，奉太孙登殿，命左右扶出子良；指麾部署，音响如钟，殿中无不从命。融知不遂，释服还省，叹曰：『公误我！』由是郁林王深怨之。

遗诏曰：『太孙进德日茂，社稷有寄。子良善相毗辅，思弘治道；内外众事，无大小悉与鸾参怀，共下意！尚书中事，职务根本，悉委右仆射王晏、吏部尚书徐孝嗣；军旅之略，委王敬则、陈显达、王广之、王玄邈、沈文季、张瓌、薛渊等。』

世祖留心政事，务总大体，严明有断，郡县久于其职，长吏犯法，封刃行诛。故永明之世，百姓丰乐，贼盗屏息。然颇好游宴，华靡之事，常言恨之，未能顿遣。

郁林王之未立也，众皆疑立子良，口语喧腾。武陵王晔于众中大言曰：「若立长，则应在我；立嫡，则应在太孙。」由是帝深凭赖之。直阁周奉叔、曹道刚素为帝心膂，并使监殿中直卫；少日，复以道刚为黄门郎。

初，西昌侯鸾为太祖所爱，鸾性俭素，车服仪从，同于素士，所居官名为严能，故世祖亦重之。世祖遗诏，使竟陵王子良辅政，鸾知尚书事。子良素仁厚，不乐世务，乃更推鸾，故遗诏云「事无大小，悉与鸾参怀」，子良之志也。

帝少养于子良妃袁氏，慈爱甚著。及王融有谋，遂深忌子良。大行出太极殿，子良居中书省，帝使虎贲中郎将潘敞领二百人仗屯太极殿西阶以防之。既成服，诸王皆出，子良乞停至山陵，不许。

壬午，称遗诏，以武陵王晔为卫将军，与征南大将军陈显达并开府仪同三司；尚书左仆射、西昌侯鸾为尚书令；太孙詹事沈文季为护军。癸未，以竟陵王子良为太傅；蠲除三调及众逋，省御府及无用池田、邸治。减关市征税。

先是，蠲原之诏，多无事实，督责如故。是时西昌侯鸾知政，恩信两行，众皆悦之。

魏山阳景桓公尉元卒。

魏主使录尚书事广陵王羽持节安抚六镇，发其突骑。丁亥，魏主辞永固陵；己丑，发平城，南伐，步骑三十馀万；使太尉丕与广陵王羽留守平城，并加使持节。羽曰：「太尉宜专节度，臣正可为副。」魏主曰：「老者之智，少者之决，汝无辞也。」以河南王干为车骑大将军、都督关右诸军事，又以司空穆亮、安南将军卢渊、平南将军薛胤皆为干副，众合七万出子午谷。胤，辩之曾孙也。

郁林王性辩慧，美容止，善应对，哀乐过人；世祖由是爱之。而矫情饰诈，阴怀鄙慝，与左右群小共衣食，同卧起。

始为南郡王，从竟陵王子良在西州，文惠太子每禁其起居，节其用度。王密就富人求钱，无敢不与。别作钥钩，夜开西州后阁，与左右至诸营署中淫宴。师史仁祖、侍书胡天翼相谓曰：「若言之二官，则其事未易；若于营署为异人所殴及犬物所伤，岂直罪止一身，亦当尽室及祸。年各七十，馀生岂足吝邪！」数日间，二人相继自杀，二官不知也。所爱左右，皆逆加官爵，疏于黄纸，使囊盛带之，许南面之日，依此施行。

侍太子疾及居丧，忧容号毁，见者呜咽；裁还私室，即欢笑酣饮。常令女巫杨氏祷

祀，速求天位。及太子卒，谓由杨氏之力，倍加敬信。既为太孙，世祖有疾，又令杨氏祷祀。时何妃犹在西州，世祖疾稍危，太孙与何妃书，纸中央作一大喜字，而作三十六小喜字绕之。

侍世祖疾，言发泪下。世祖以为必能负荷大业，谓曰：『五年中一委宰相，汝勿措意；五年外勿复委人。若自作无成，无所多恨。』临终，执其手曰：『若忆翁，当好作！』遂殂。大敛始毕，悉呼世祖诸伎，备奏众乐。

即位十馀日，即收王融下廷尉，使中丞孔稚珪奏融险躁轻狡，招纳不逞，诽谤朝政。融求援于竟陵王子良，子良忧惧，不敢救。遂于狱赐死，时年二十七。

初，融欲与东海徐勉相识，每托人召之。勉谓人曰：『王君名高望促，难可轻敷衣裾。』俄而融及祸。勉由是知名。太学生会稽魏准，以才学为融所赏；融欲立子良，准鼓成其事。太学生虞羲、丘国宾窃相谓曰：『竟陵才弱，王中书无断，败在眼中矣。』及融诛，召准入舍人省诘问，惶惧而死，举体皆青，时人以为胆破。

壬寅，魏主至肆州，见道路民有跛、眇者，停驾慰劳，给衣食终身。

大司马安定王休执军士为盗者三人，以徇于军，将斩之。魏主行军遇之，命赦之，休不可，曰：『陛下亲御六师，将远清江表，今始行至此，而小人已为攘盗，不斩之，何以禁奸！』帝曰：『诚如卿言。然王者之体，时有非常之泽。三人罪虽应死，而因缘遇朕，虽违军法，可特赦之。』既而谓司徒冯诞曰：『大司马执法严，诸君不可不慎。』于是军中肃然。

臣光曰：人主之于其国，譬犹一身，视远如视迩，在境如在庭。举贤才以任百官，修政事以利百姓，则封域之内无不得其所矣。是以先王黈纩塞耳，前旒蔽明，欲其废耳目之近用，推聪明于四远也。彼废疾者宜养，当命有司均之于境内，今独施于道路之所遇，则所遗者多矣。其为仁也，不亦微乎！况赦罪人以桡有司之法，尤非人君之体也。惜也！孝文，魏之贤君，而犹有是乎！

戊申，魏主至并州。并州刺史王袭，治有声迹，境内安静，帝嘉之。袭教民多立铭置道侧，虚称其美；帝闻而问之，袭对不以实。帝怒，降袭号二等。

九月，壬子，魏遣兼员外散骑常侍勃海高聪等来聘。

丁巳，魏主诏车驾所经，伤民秋稼者，亩给谷五斛。

辛酉，追尊文惠太子为文皇帝，庙号世宗。

世祖梓宫下渚，帝于端门内奉辞，辒辌车未出端门，亟称疾还内。裁入阁，即于内奏胡伎，鞞铎之声，响震内外。丙寅，葬武皇帝于景安陵，庙号世祖。

戊辰，魏主济河；庚午，至洛阳；壬申，诣故太学观《石经》。

乙亥，邓至王像舒彭遣其子旧朝于魏，且请传位于旧；魏主许之。

魏主自发平城至洛阳，霖雨不止。丙子，诏诸军前发。丁丑，帝戎服，执鞭乘马而出。群臣稽颡于马前。帝曰：「庙算已定，大军将进，诸公更欲何云？」尚书李冲等曰：「今者之举，天下所不愿，唯陛下欲之。臣不知陛下独行，竟何之也！臣等有其意而无其辞，敢以死请！」帝大怒曰：「吾方经营天下，期于混壹，而卿等儒生，屡疑大计；斧钺有常，卿勿复言！」策马将出，于是安定王休等并殷勤泣谏。帝乃谕群臣曰：「今者兴发不小，动而无成，何以示后！朕世居幽朔，欲南迁中土；苟不南伐，当迁都于此，王公以为何如？欲迁者左，不欲者右。」安定王休等相帅如右。南安王桢进曰：「『成大功者不谋于众。』今陛下苟辍南伐之谋，迁都洛邑，此臣等之愿，苍生之幸也。」群臣皆呼万岁。时旧人虽不愿内徙，而惮于南伐，无敢言者；遂定迁都之计。

李冲言于上曰：「陛下将定鼎洛邑，宗庙宫室，非可马上游行以待之。愿陛下暂还代都，俟群臣经营毕功，然后备文物、鸣和鸾而临之。」帝曰：「朕将巡省州郡，至邺小停，春首即还，未宜归北。」乃遣任城王澄还平城，谕留司百官以迁都之事，曰：「今日真所谓革也。王其勉之！」

帝以群臣意多异同，谓卫尉卿、镇南将军于烈曰：「卿意如何？」烈曰：「陛下圣略渊远，非愚浅所测。若隐心而言，乐迁之与恋旧，适中半耳。」帝曰：「卿既不唱异，即是肯同，深感不言之益。」使还镇平城，曰：「留台庶政，一以相委。」烈，栗磾之孙也。

先是，北地民支酉聚众数千，起兵于长安城北石山，遣使告梁州刺史阴智伯，秦州民王广亦起兵应之，攻执魏刺史刘藻，秦、雍间七州民皆响震，众至十万，各守堡壁以待齐救。魏河南王干引兵击之，干兵大败；支酉进至咸阳北浊谷，穆亮与战，又败；阴智伯遣军主席德仁等将兵数千与相应接。酉等进向长安，卢渊、薛胤等拒击，大破之，降者数万口。渊唯诛首恶，馀悉不问，获酉、广，并斩之。

冬，十月，戊寅朔，魏主如金墉城，征穆亮，使与尚书李冲、将作大匠董尔经营洛都。己卯，如河南城；乙酉，如豫州；癸巳，舍于石济。乙未，魏解严，设坛于滑台城东，告行庙以迁都之意。大赦。起滑台宫。任城王澄至平城，众始闻迁都，莫不惊骇。澄援引古今，徐以晓之，众乃开伏。澄还报于滑台，魏主喜曰：「非任城，朕事不成。」

壬寅，尊皇太孙太妃为皇太后；立妃为皇后。

癸卯，魏主如邺城。王肃见魏主于邺，陈伐齐之策。魏主与之言，不觉促席移晷。

自是器遇日隆，亲旧贵臣莫能间也。魏主或屏左右与肃语，至夜分不罢，自谓君臣相得之晚。寻除辅国将军、大将军长史。时魏主方议兴礼乐，变华风，凡威仪文物，多肃所定。

乙巳，魏主遣安定王休帅从官迎家于平城。

辛亥，封皇弟昭文为新安王，昭秀为临海王，昭粲为永嘉王。

魏主筑宫于邺西，十一月，癸亥，徙居之。

御史中丞江淹劾奏前益州刺史刘悛、梁州刺史阴智伯赃货巨万，皆抵罪。初，悛罢广、司二州，倾赀以献世祖，家无留储。在益州，作金浴盆，馀物称是。及郁林王即位，悛所献减少。帝怒，收悛付廷尉，欲杀之；西昌侯鸾救之，得免，犹禁锢终身。悛，勔之子也。

齐纪五 阏逢阉茂，一年。

高宗明皇帝上

建武元年（甲戌，公元四九四年）

春，正月，丁未，改元隆昌；大赦。

雍州刺史晋安王子懋，以主幼时艰，密为自全之计，令作部造仗；征南大将军陈显达屯襄阳，子懋欲胁取以为将。显达密启西昌侯鸾，鸾征显达为车骑大将军；徙子懋为江州刺史，仍令留部曲助镇襄阳，单将白直、侠毂自随。显达过襄阳，子懋谓曰：「朝廷令身单身而返，身是天王，岂可过尔轻率！今犹欲将二三千人自随，公意何如？」显达曰：「殿下若不留部曲，乃是大违敕旨，其事不轻；且此间人亦难可收用。」子懋默然。显达因辞出，即发去。子懋计未立，乃之寻阳。

西昌侯鸾将谋废立，引前镇西咨议参军萧衍与同谋。荆州刺史随王子隆，性温和，有文才；鸾欲征之，恐其不从。衍曰：「随王虽有美名，其实庸劣。既无智谋之士，爪牙唯仗司马垣历生、武陵太守卞白龙耳。二人唯利是从，若啖以显职，无有不来；随王止须折简耳。」鸾从之。征历生为太子左卫率，白龙为游击将军；二人并至。续召子隆为侍中、抚军将军。豫州刺史崔慧景，高、武旧将，鸾疑之，以萧衍为宁朔将军，戍寿阳。慧景惧，白服出迎；衍抚安之。

辛亥，郁林王祀南郊；戊午，拜崇安陵。

癸亥，魏主南巡；戊辰，过比干墓，祭以太牢，魏主自为祝文曰：「乌呼介士，胡不我臣！」

帝宠幸中书舍人綦毋珍之、朱隆之、直阁将军曹道刚、周奉叔、宦者徐龙驹等。珍之所论荐，事无不允；内外要职，皆先论价，旬月之间，家累千金；擅取官物及役作，不俟诏旨。有司至相语云：「宁拒至尊敕，不可违舍人命。」帝以龙驹为后阁舍人，常居含章殿，著黄纶帽，被貂裘，南面向案，代帝画敕；左右侍直，与帝不异。

帝自山陵之后，即与左右微服游走市里，好于世宗崇安陵隧中掷涂、赌跳，作诸鄙戏，极意赏赐左右，动至百数十万。每见钱，曰：「我昔思汝一枚不得，今日得用汝未？」世祖聚钱上库五亿万，斋库亦出三亿万，金银布帛不可胜计；郁林王即位未期岁，所用垂尽。入主衣库，令何后及宠姬以诸宝器相投击破碎之，用为笑乐。蒸于世祖幸姬霍氏，更其姓曰徐。朝事大小，皆决于西昌侯鸾。鸾数谏争，帝多不从；心忌鸾，欲除之。以尚书右仆射鄱阳王锵为世祖所厚，私谓锵曰：「公闻鸾于法身如何？」锵素

和谨，对曰：『臣鸾于宗戚最长，且受寄先帝；臣等皆年少，朝廷所赖，唯鸾一人，愿陛下无以为虑。』帝退，谓徐龙驹曰：『我欲与公共计取鸾，公既不同，我不能独办，且复小听。』

卫尉萧谌，世祖之族子也，自世祖在郢州，谌已为腹心。及即位，常典宿卫，机密之事，无不预闻。征南咨议萧坦之，谌之族人也，尝为东宫直阁，为世宗所知。帝以二人祖父旧人，甚亲信之。谌每请急出宿，帝通夕不寐，谌还乃安。坦之得出入后宫。帝亵狎宴游，坦之皆在侧。帝醉后，常裸袒，坦之辄扶持谏谕。西昌侯鸾欲有所谏，帝在后宫不出，唯遣谌、坦之径进，乃得闻达。

何后亦淫泆，私于帝左右杨珉，与同寝处如伉俪；又与帝相爱狎，故帝恣之。迎后亲戚入宫，以耀灵殿处之。斋阁通夜洞开，外内淆杂，无复分别。西昌侯鸾遣坦之入奏诛珉，何后流涕覆面曰：『杨郎好年少，无罪，何可枉杀！』坦之附耳语帝曰：『外间并云杨珉与皇后有情，事彰遐迩，不可不诛。』帝不得已许之；俄敕原之，已行刑矣。鸾又启诛徐龙驹，帝亦不能违，而心忌鸾益甚。萧谌、萧坦之见帝狂纵日甚，无复悛改，恐祸及己，乃更回意附鸾，劝其废立，阴为鸾耳目，帝不之觉也。

周奉叔恃勇挟势，陵轹公卿。常翼单刀二十口自随，出入禁闼，门卫不敢诃。每语人曰：『周郎刀不识君！』鸾忌之，使萧谌、萧坦之说帝出奉叔为外援。己巳，以奉叔为青州刺史，曹道刚为中军司马。奉叔就帝求千户侯，许之。鸾以为不可，封曲江县男，食三百户。奉叔大怒，于众中攘刀厉色，鸾说谕之，乃受。奉叔辞毕，将之镇，部伍已出。鸾与萧谌称敕，召奉叔于省中，殴杀之，启云：『奉叔慢朝廷。』帝不获已，可其奏。

溧阳令钱唐杜文谦，尝为南郡王侍读，前此说綦毋珍之曰：『天下事可知，灰尽粉灭，匪朝伊夕；不早为计，吾徒无类矣。』珍之曰：『计将安出？』文谦曰：『先帝旧人，多见摈斥，今召而使之，谁不慷慨！近闻王洪范与宿卫将万灵会等共语，皆攘袂捶床；君其密报周奉叔，使万灵会等杀萧谌，则宫内之兵皆我用也。即勒兵入尚书，斩萧令，两都伯力耳。今举大事亦死，不举事亦死；二死等耳，死社稷可乎！若迟疑不断，复少日，录君称敕赐死，父母为殉，在眼中矣。』珍之不能用。及鸾杀奉叔，并收珍之、文谦，杀之。

乙亥，魏主如洛阳西宫。中书侍郎韩显宗上书陈四事：其一以为：『窃闻舆驾今夏不巡三齐，当幸中山。往冬舆驾停邺，当农隙之时，犹比屋供奉，不胜劳费。况今蚕麦方急，将何以堪命！且六军涉暑，恐生疠疫。臣愿早还北京，以省诸州供张之苦，成洛

都营缮之役。』其二以为：『洛阳宫殿故基，皆魏明帝所造，前世已讥其奢。今兹营缮，宜加裁损。又，顷来北都富室，竞以第舍相尚；宜因迁徙，为之制度。及端广衢路，通利沟渠。』其三以为：『陛下之还洛阳，轻将从骑。王者于闱闼之内施警跸，况涉履山河而不加三思乎！』其四以为：『陛下耳听法音，目玩坟典，口对百辟，心虞万机，景昃而食，夜分而寝；加以孝思之至，随时而深；文章之业，日成篇卷；虽睿明所用，未足为烦，然非所以啬神养性，保无疆之祚也。伏愿陛下垂拱司契而天下治矣。』帝颇纳之。显宗，麒麟之子也。

显宗又上言，以为：『州郡贡察，徒有秀、孝之名，而无秀、孝之实；朝廷但检其门望，不复弹坐。如此，则可令别贡门望以叙士人，何假冒秀、孝之名也！夫门望者，乃其父祖之遗烈，亦何益于皇家！益于时者，贤才而已。苟有其才，虽屠、钓、奴、虏，圣王不耻以为臣；苟非其才，虽三后之胤，坠于皂隶矣。议者或云「今世等无奇才，不若取士于门」，此亦失矣。岂可以世无周、邵，遂废宰相邪！但当校其寸长铢重者先叙之，则贤才无遗矣。

又，刑罚之要，在于明当，不在于重。苟不失有罪，虽捶挞之薄，人莫敢犯；若容可侥幸，虽参夷之严，不足惩禁。今内外之官，欲邀当时之名，争以深刻为无私，迭相敦厉，遂成风俗。陛下居九重之内，视人如赤子；百司分万务之任，遇下如仇雠。是则尧、舜止一人，而桀、纣以千百；和气不至，盖由于此。谓宜敕示百僚，以惠元元之命。

又，昔周居洛邑，犹存宗周；汉迁东都，京兆置尹。案《春秋》之义，有宗庙曰都，无曰邑。况代京，宗庙山陵所托，王业所基，其为神乡福地，实亦远矣，今便同之郡国，臣窃不安。谓宜建畿置尹，一如故事，崇本重旧，光示万叶。

又，古者四民异居，欲其业专志定也。太祖道武皇帝创基拨乱，日不暇给，然犹分别士庶，不令杂居，工伎屠沽，各有攸处；但不设科禁，久而混殽。今闻洛邑居民之制，专以官位相从，不分族类。夫官位无常，朝荣夕悴，则是衣冠、皂隶不日同处矣。借使一里之内，或调习歌舞，或讲肄诗书，纵群儿随其所之，则必不弃歌舞而从诗书矣。然则使工伎之家习士人风礼，百年难成；士人之子效工伎容态，一朝而就。是以仲尼称里仁之美，孟母勤三徙之训。此乃风俗之原，不可不察。朝廷每选人士，校其一婚一宦以为升降，何其密也！至于度地居民，则清浊连甍，何其略也！今因迁徙之初，皆是空地，分别工伎，在于一言，有何可疑，而阙盛美！

又，南人昔有淮北之地，自比中华，侨置郡县。自归附圣化，仍而不改，名实交

错，文书难辨。宜依地理旧名，一皆厘革，小者并合，大者分置，及中州郡县，昔以户少并省，今民口既多，亦可复旧。

又，君人者以天下为家，不可有所私。仓库之储，以供军国之用，自非有功德者不可加赐。在朝诸贵，受禄不轻；比来赐赉，动以千计。若分以赐鳏寡孤独之民，所济实多；今直以与亲近之臣，殆非『周急不继富』之谓也。』帝览奏，甚善之。

二月，乙丑，魏主如河阴，规方泽。

辛卯，帝祀明堂。

司徒参军刘敩等聘于魏。

丙申，魏徙河南王干为赵郡王，颍川王雍为高阳王。

壬寅，魏主北巡；癸卯，济河；三月，壬申，至平城。使群臣更论迁都利害，各言其志。燕州刺史穆罴曰：『今四方未定，未宜迁都。且征伐无马，将何以克？』帝曰：『厩牧在代，何患无马！今代在恒山之北，九州之外，非帝王之都也。』尚书于果曰：『臣非以代地为胜伊、洛之美也。但自先帝以来，久居于此，百姓安之；一旦南迁，众情不乐。』平阳公丕曰：『迁都大事，当讯之卜筮。』帝曰：『昔周、召圣贤，乃能卜宅。今无其人，卜之何益！且卜以决疑，不疑何卜！黄帝卜而龟焦，天老曰「吉」，黄帝从之。然则至人之知未然，审于龟矣。王者以四海为家，或南或北，何常之有！朕之远祖，世居北荒，平文皇帝始都东木根山，昭成皇帝更营盛乐，道武皇帝迁于平城。朕幸属胜残之运，何为独不得迁乎！』群臣不敢复言。罴，寿之孙；果，烈之弟也。癸酉，魏主临朝堂，部分迁留。

夏，四月，庚辰，魏罢西郊祭天。

辛巳，武陵昭王晔卒。

戊子，竟陵文宣王子良以忧卒。帝常忧子良为变，闻其卒，甚喜。

臣光曰：孔子称『鄙夫不可与事君，未得之，患得之；既得之，患失之。苟患失之，无所不至』。王融乘危徼幸，谋易嗣君。子良当时贤王，虽素以忠慎自居，不免忧死。迹其所以然，正由融速求富贵而已。轻躁之士，乌可近哉！

己亥，魏罢五月五日、七月七日飨祖考。

魏录尚书事广陵王羽奏：『令文：每岁终，州镇列属官治状，及再考，则行黜陟。去十五年京官尽经考为三等，今已三载。臣辄准外考，以定京官治行。』魏主曰：『考绩事重，应关朕听，不可轻发；且俟至秋。』

闰月，丁卯，镇军将军鸾即本号，开府仪同三司。

戊辰，以新安王昭文为扬州刺史。

五月，甲戌朔，日有食之。

六月，己巳，魏遣兼员外散骑常侍卢昶、兼员外散骑侍郎王清石为聘。昶，度世之子也。清石世仕江南，魏主谓清石曰：「卿勿以南人自嫌。彼有知识，欲见则见，欲言则言。凡使人以和为贵，勿迭相矜夸，见于辞色，失将命之体也。」

秋，七月，乙亥，魏以宋王刘昶为使持节、都督吴、越、楚诸军事、大将军，镇彭城。魏主亲饯之。以王肃为昶府长史。昶至镇，不能抚接义故，卒无成功。

壬午，魏安定靖王休卒。自卒至殡，魏主三临其第；葬之如尉元之礼，送之出郊，恸哭而返。

壬戌，魏主北巡。

西昌侯鸾既诛徐龙驹、周奉叔，而尼媪外入者，颇传异语。中书令何胤，以后之从叔，为帝所亲，使直殿省。帝与胤谋诛鸾，令胤受事；胤不敢当，依违谏说，帝意复止。乃谋出鸾于西州，中敕用事，不复关咨于鸾。

是时，萧谌、萧坦之握兵权，左仆射王晏总尚书事。谌密召诸王典签，约语之，不许诸王外接人物。谌亲要日久，众皆惮而从之。

鸾以其谋告王晏，晏闻之，响应；又告丹阳尹徐孝嗣，孝嗣亦从之。骠骑录事南阳乐豫谓孝嗣曰：「外传籍籍，似有伊、周之事。君蒙武帝殊常之恩，荷托付之重，恐不得同人此举。人笑褚公，至今齿冷。」孝嗣心然之，而不能从。

帝谓萧坦之曰：「人言镇军与王晏、萧谌欲共废我，似非虚传。卿所闻云何？」坦之曰：「天下宁当有此，谁乐无事废天子邪！朝贵不容造此论，当是诸尼媪言耳，岂可信耶！官若无事除此二人，谁敢自保！」直阁将军曹道刚疑外间有异，密有处分，谋未能发。

时始兴内史萧季敞、南阳太守萧颖基皆内迁，谌欲待二人至，藉其势力以举事。鸾虑事变，以告坦之，坦之驰谓谌曰：「废天子，古来大事。比闻曹道刚、朱隆之等转已猜疑，卫尉明日若不就事，无所复及。弟有百岁母，岂能坐听祸败，正应作馀计耳！」谌惶遽从之。

壬辰，鸾使萧谌先入宫，遇曹道刚及中书舍人朱隆之，皆杀之。直后徐僧亮盛怒，大言于众曰：「吾等荷恩，今日应死报！」又杀之。鸾引兵自尚书入云龙门，戎服加朱衣于上，比入门，三失履。王晏、徐孝嗣、萧坦之、陈显达、王广之、沈文季皆随其后。帝在寿昌殿，闻外有变，犹密为手敕呼萧谌，又使闭内殿诸房阁。俄而谌引兵入寿

昌阁，帝走趋徐姬房，拔剑自刺，不入，以帛缠颈，舆接出延德殿。谌初入殿，宿卫将士皆操弓楯欲拒战。谌谓之曰：『所取自有人，卿等不须动！』宿卫素隶服于谌，皆信之，及见帝出，各欲自奋，帝竟无一言。行至西弄，弑之。舆尸出殡徐龙驹宅，葬以王礼。徐姬及诸嬖幸皆伏诛。鸾既执帝，欲作太后令；徐孝嗣于袖中出而进之，鸾大悦。癸巳，以太后令追废帝为郁林王，又废何后为王妃，迎立新安王昭文。

吏部尚书谢瀹方与客围棋，左右闻有变，惊走报瀹。瀹每下子，辄云『其当有意』，竟局，乃还斋卧，竟不问外事。大匠卿虞悰窃叹曰：『王、徐遂缚裤废天子，天下岂有此理邪！』悰，啸父之孙也。朝臣被召入宫。国子祭酒江斅至云龙门，托药发，吐车中而去。西昌侯鸾欲引中散大夫孙谦为腹心，使兼卫尉给甲仗百人。谦不欲与之同，辄散甲士；鸾亦不之罪也。

丁酉，新安王即皇帝位，时年十五。以西昌侯鸾为骠骑大将军、录尚书事、扬州刺史、宣城郡公。大赦，改元延兴。

辛丑，魏主至朔州。

八月，甲辰，以司空王敬则为太尉，鄱阳王锵为司徒，车骑大将军陈显达为司空，尚书左仆射王晏为尚书令。

魏主至阴山。

以始安王遥光为南郡太守，不之官。遥光，鸾之兄子也。鸾有异志，遥光赞成之，凡大诛赏，无不预谋。戊申，以中书郎萧遥欣为兖州刺史。遥欣，遥光之弟也。鸾欲树置亲党，故用之。

癸丑，魏主如怀朔镇；己未，如武川镇；辛酉，如抚宜镇；甲子，如柔玄镇；乙丑，南还；辛未，至平城。

九月，壬申朔，魏诏曰：『三载考绩，三考黜陟；可黜者不足为迟，可进者大成赊缓。朕今三载一考，即行黜陟，欲令愚滞无妨于贤者，才能不拥于下位。各令当曹考其优劣为三等，其上下二等仍分为三。六品已下，尚书重问；五品已上，朕将亲与公卿论其善恶，上上者迁之，下下者黜之，中者守其本任。』

魏主之北巡也，留任城王澄铨简旧臣。自公侯已下，有官者以万数，澄品其优劣能否为三等，人无怨者。

壬午，魏主临朝堂，黜陟百官，谓诸尚书曰：『尚书，枢机之任，非徒总庶务，行文书而已；朕之得失，尽在于此。卿等居官，年垂再期，未尝献可替否，进一贤退一不肖，此最罪之大者。』又谓录尚书事广陵王羽曰：『汝为朕弟，居机衡之右，无勤恪之

声，有阿党之迹。今黜汝录尚书、廷尉，但为特进、太子太保。』又谓尚书令陆睿曰：『叔翻到省之初，甚有善称；比来偏颇懈怠，由卿不能相导以义。虽无大责，宜有小罚，今夺卿禄一期。』又谓左仆射拓跋赞曰：『叔翻受黜，卿应大辟；但以咎归一人，不复重责；今解卿少师，削禄一期。』又谓左丞公孙良、右丞乞伏义受曰：『卿亦应大辟；可以白衣守本官，冠服禄恤尽从削夺。若三年有成，还复本任；无成，永归南亩。』又谓尚书任城王澄曰：『叔神志骄傲，可解少保。』又谓长兼尚书于果曰：『卿不勤职事，数辞以疾。可解长兼，削禄一期。』其餘守尚书尉羽、卢渊等，并以不职，或解任，或黜官，或夺禄，皆面数其过而行之。渊，昶之兄也。

帝又谓陆睿曰：『北人每言「北俗质鲁，何由知书！」朕闻之，深用怃然！今知书者甚众，岂皆圣人！顾学与不学耳。朕修百官，兴礼乐，其志固欲移风易俗。朕为天子，何必居中原！正欲卿等子孙渐染美俗，闻见广博；若永居恒北，复值不好文之主，不免面墙耳。』对曰：『诚如圣言。金日磾不入仕汉朝，何能七世知名！』帝甚悦。

郁林王之废也，鄱阳王锵初不知谋。及宣城公鸾权势益重，中外皆知其蓄不臣之志。锵每诣鸾，鸾常屣履至车后迎之；语及家国，言泪俱发，锵以此信之。宫台之内皆属意于锵，劝锵入宫发兵辅政。制局监谢粲说锵及随王子隆曰：『二王但乘油壁车入宫，出天子置朝堂，夹辅号令；粲等闭城门、上仗，谁敢不同！东城人正共缚送萧令耳。』子隆欲定计。锵以上台兵力既悉度东府，且虑事不捷，意甚犹豫。马队主刘巨，世祖时旧人，诣锵，请间，叩头劝锵立事。锵命驾将入，复还内，与母陆太妃别，日暮不成行。典签知其谋，告之。癸酉，鸾遣兵二千人围锵第，杀锵，遂杀子隆及谢粲等。于时太祖诸子，子隆最壮大，有才能，故鸾尤忌之。

江州刺史晋安王子懋闻鄱阳、随王死，欲起兵，谓防阁吴郡陆超之曰：『事成则宗庙获安，不成犹为义鬼。』防阁丹阳董僧慧曰：『此州虽小，宋孝武常用之。若举兵向阙以请郁林之罪，谁能御之！』子懋母阮氏在建康，密遣书迎之，阮氏报其同母兄于瑶之为计。瑶之驰告宣城公鸾；乙亥，假鸾黄钺，内外纂严，遣中护军王玄邈讨子懋，又遣军主裴叔业与于瑶之先袭寻阳，声云为郢府司马。子懋知之，遣三百人守湓城。叔业泝流直上，至夜，回袭湓城；城局参军乐贲开门纳之。子懋闻之，帅府州兵力据城自守。子懋部曲多雍州人，皆勇跃愿奋。叔业畏之，遣于瑶之说子懋曰：『今还都必无过忧，正当作散官，不失富贵也。』子懋既不出兵攻叔业，众情稍沮。中兵参军于琳之，瑶之兄也，说子懋重赂叔业，可以免祸。子懋使琳之往，琳之因说叔业取子懋。叔业遣军主徐玄庆将四百人随琳之入州城，僚佐皆奔散。琳之从二百人，拔白刃入斋，子懋骂

曰："小人！何忍行此！"琳之以袖障面，使人杀之。王玄邈执董僧慧，将杀之，僧慧曰："晋安举义兵，仆实预其谋；得为主人死，不恨矣！愿至大敛毕，退就鼎镬。"玄邈义之，具以白鸾；免死配东冶。子懋子昭基，九岁，以方二寸绢为书，参其消息，并遗钱五百，行金得达，僧慧视之曰："郎君书也！"悲恸而卒。于琳之劝陆超之逃亡，超之曰："人皆有死，此不足惧！吾若逃亡，非唯孤晋安之眷，亦恐田横客笑人！"玄邈等欲囚以还都，超之端坐俟命。超之门生谓杀超之当得赏，密自后斩之，头坠而身不僵。玄邈厚加殡敛。门生亦助举棺，棺坠，压其首，折颈而死。

鸾遣平西将军王广之袭南兖州刺史安陆王子敬。广之至欧阳，遣部将济阴陈伯之先驱。伯之因城开独入，斩子敬。

鸾又遣徐玄庆西上害诸王。临海王昭秀为荆州刺史，西中郎长史何昌寓行州事。玄庆至江陵，欲以便宜从事。昌寓曰："仆受朝廷意寄，翼辅外藩。殿下未有愆失，君以一介之使来，何容即以相付邪！若朝廷必须殿下，当自启闻，更听后旨。"昭秀由是得还建康。昌寓，尚之之弟子也。

鸾以吴兴太守孔琇之行郢州事，欲使之杀晋熙王銶。琇之辞不许，遂不食而死。琇之，靖之孙也。

裴叔业自寻阳仍进向湘州，欲杀湘州刺史南平王锐，防阁周伯玉大言于众曰："此非天子意。今斩叔业，举兵匡社稷，谁敢不从！"锐典签叱左右斩之。乙酉，杀锐；又杀郢州刺史晋熙王銶、南豫州刺史宜都王铿。

丁亥，以庐陵王子卿为司徒，桂阳王铄为中军将军、开府仪同三司。

冬，十月，丁酉，解严。

以宣城公鸾为太傅、领大将军、扬州牧、都督中外诸军事，加殊礼，进爵为王。

宣城王谋继大统，多引朝廷名士与参筹策。侍中谢朏心不愿，乃求出为吴兴太守。至郡，致酒数斛遗其弟吏部尚书瀹，为书曰："可力饮此，勿豫人事！"

臣光曰：臣闻"衣人之衣者怀人之忧，食人之食者死人之事"。二谢兄弟，比肩贵近，安享荣禄，危不预知；为臣如此，可谓忠乎！

宣城王虽专国政，人情犹未服。王胛上有赤志，骠骑咨议参军考城江祏劝王出以示人。王以示晋寿太守王洪范，曰："人言此是日月相，卿幸勿泄！"洪范曰："公日月在躯，如何可隐，当转言之！"王母，祏之姑也。

戊戌，杀桂阳王铄、衡阳王钧、江夏王锋、建安王子真、巴陵王子伦。铄与鄱阳王锵齐名；锵好文章，铄好名理，时人称为鄱、桂。锵死，铄不自安，至

东府见宣城王，还，谓左右曰：『向录公见接殷勤，流连不能已，而面有惭色，此必欲杀我。』是夕，遇害。

宣城王每杀诸王，常夜遣兵围其第，斩关逾垣，呼噪而入，家赀皆封籍之。江夏王锋，有才行，宣城王尝与之言『遥光才力可委』。锋曰：『遥光之于殿下，犹殿下之于高皇；卫宗庙，安社稷，实有攸寄。』宣城王失色。及杀诸王，锋遗宣城王书，诮责之；宣城王深惮之，不敢于第收锋，使兼祠官于太庙，夜，遣兵庙中收之。锋出，登车，兵人欲上车，锋有力，手击数人皆仆地，然后死。

宣城王遣典签柯令孙杀建安王子真，子真走入床下，令孙手牵出之；叩头乞为奴，不许而死。

又遣中书舍人茹法亮杀巴陵王子伦。子伦性英果，时为南兰陵太守，镇琅邪，城有守兵。宣城王恐不肯就死，以问典签华伯茂。伯茂曰：『公若以兵取之，恐不可即办。若委伯茂，一夫力耳。』乃手自执鸩逼之。子伦正衣冠，出受诏，谓法亮曰：『先朝昔灭刘氏，今日之事，理数固然。君是身家旧人，今衔此使，当由事不获已。此酒非劝酬之爵。』因仰之而死，时年十六。法亮及左右皆流涕。

初，诸王出镇，皆置典签，主帅一方之事，悉以委之。时入奏事，一岁数返，时主

辄与之间语，访以州事，刺史美恶专系其口。自刺史以下莫不折节奉之，恒虑弗及。于是威行州部，大为奸利。武陵王晔为江州，性烈直，不可干；典签赵渥之谓人曰：『今出都易刺史！』及见世祖，盛毁之；晔遂免还。

南海王子罕戍琅邪，欲暂游东堂，典签姜秀不许。子罕还，泣谓母曰：『儿欲移五步亦不得，与囚何异！』邵陵王子贞尝求熊白，厨人答典签不在，不敢与。

永明中，巴东王子响杀刘寅等，世祖闻之，谓群臣曰：『子响遂反！』戴僧静大言曰：『诸王都自应反，岂唯巴东！』上问其故，对曰：『天王无罪，而一时被囚，取一挺藕，一杯浆，皆咨签帅；签帅不在，则竟日忍渴。诸州唯闻有签帅，不闻有刺史。何得不反！』

竟陵王子良尝问众曰：『士大夫何意诣签帅？』参军范云曰：『诣长史以下皆无益，诣签帅立有倍本之价。不诣谓何！』子良有愧色。及宣城王诛诸王，皆令典签杀之，竟无一人能抗拒者。孔珪闻之，流涕曰：『齐之衡阳、江夏最有意，而复害之；若不立签帅，故当不至于此。』宣城王亦深知典签之弊，乃诏：『自今诸州有急事，当密以奏闻，勿复遣典签入都。』自是典签之任浸轻矣。

萧子显论曰：帝王之子，生长富厚，朝出闺闱，暮司方岳，防骄翦逸，积代常

典。故辅以上佐，简自帝心；劳旧左右，用为主帅，饮食起居，动应闻启；处地虽重，行己莫由。威不在身，恩未下及，一朝艰难总至，望其释位扶危，何可得矣！斯宋氏之馀风，至齐室而尤弊也。

癸卯，以宁朔将军萧遥欣为豫州刺史，黄门郎萧遥昌为郢州刺史，辅国将军萧诞为司州刺史。遥昌，遥欣之弟；诞，谌之兄也。

甲辰，魏以太尉东阳王丕为太傅、录尚书事，留守平城。

戊申，魏主亲告太庙，使高阳王雍、于烈奉迁神主于洛阳；辛亥，发平城。

海陵王在位，起居饮食，皆咨宣城王而后行。尝思食蒸鱼菜，太官令答无录公命，竟不与。辛亥，皇太后令曰：「嗣主冲幼，庶政多昧；且早婴尩疾，弗克负荷。太傅宣城王，胤体宣皇，钟慈太祖，宜入承宝命。帝可降封海陵王，吾当归老别馆。」且以宣城王为太祖第三子。癸亥，高宗即皇帝位，大赦，改元。以太尉王敬则为大司马，司空陈显达为太尉，尚书令王晏加骠骑大将军，左仆射徐孝嗣加中军大将军，中领军萧谌为领军将军。

度支尚书虞悰称疾不陪位。帝以悰旧人，欲引参佐命，使王晏赍废立事示悰。悰曰：「主上圣明，公卿戮力，宁假朽老以赞惟新乎！不敢闻命！」因恸哭。朝议欲纠之，徐孝嗣曰：「此亦古之遗直。」乃止。

帝与群臣宴会，诏功臣上酒。王晏等兴席，谢瀹独不起，曰：「陛下受命，应天顺人；王晏妄叨天功以为己力！」帝大笑，解之。座罢，晏呼瀹共载还令省，欲相抚悦。瀹正色曰：「卿巢窟在何处！」晏甚惮之。

丁卯，诏：「藩牧守宰，或有荐献，事非任土，悉加禁断。」

己巳，魏主如信都。庚午，诏曰：「比闻缘边之蛮，多窃掠南土，使父子乖离，室家分绝。朕方荡壹区宇，子育万姓，若苟如此，南人岂知朝德哉！可诏荆、郢、东荆三州，禁勒蛮民，勿有侵暴。」

十一月，癸酉，以始安王遥光为扬州刺史。

丁丑，魏主如邺。

庚辰，立皇子宝义为晋安王，宝玄为江夏王，宝源为庐陵王，宝寅为建安王，宝融为随郡王，宝攸为南平王。

甲申，诏曰：「邑宰禄薄，虽任土恒贡，自今悉断。」

乙酉，追尊始安贞王为景皇，妃为懿后。

丙戌，以闻喜公遥欣为荆州刺史，丰城公遥昌为豫州刺史。时上长子晋安王宝义有

废疾，诸子皆弱小，故以遥光居中，遥欣镇抚上流。

戊子，立皇子宝卷为太子。

魏主至洛阳，欲澄清流品，以尚书崔亮兼吏部郎。亮，道固之兄孙也。

魏主敕后军将军宇文福行牧地。福表石济以西，河内以东，距河凡十里。魏主自代徙杂畜置其地，使福掌之；畜无耗失，以为司卫监。

初，世祖平统万及秦、凉，以河西水草丰美，用为牧地，畜甚蕃息，马至二百馀万匹，橐驼半之，牛羊无数。及高祖置牧场于河阳，常畜戎马十万匹，每岁自河西徙牧并州，稍复南徙，欲其渐习水土，不至死伤，而河西之牧愈更蕃滋。及正光以后，皆为寇盗所掠，无孑遗矣。

永明中，御史中丞沈渊表，百官年七十，皆令致仕，并穷困私门。庚子，诏依旧铨叙。上辅政所诛诸王，皆复属籍，封其子为侯。

上诈称海陵恭王有疾，数遣御师瞻视，因而殒之，葬礼并依汉东海恭王故事。

魏郢州刺史韦珍，在州有声绩，魏主赐以骏马、谷帛。珍集境内孤贫者，悉散与之，谓之曰：「天子以我能绥抚卿等，故赐以谷帛，吾何敢独有之！」

魏主以上废海陵王自立，谋大举入寇。会边将言，雍州刺史下邳曹虎遣使请降于魏，

十一月，辛丑朔，魏遣行征南将军薛真度督四将向襄阳，大将军刘昶、平南将军王肃向义阳，徐州刺史拓跋衍向钟离，平南将军广平刘藻向南郑。真度，安都从祖弟也。以尚书仆射卢渊为安南将军，督襄阳前锋诸军。渊辞以不习军旅，不许。渊曰：「但恐曹虎为周鲂耳。」

魏主欲变易旧风，壬寅，诏禁士民胡服。国人多不悦。

通直散骑常侍刘芳，缵之族弟也，与给事黄门侍郎太原郭祚，皆以文学为帝所亲礼，多引与讲论及密议政事；大臣贵戚皆以为疏己，怏怏有不平之色。帝使给事黄门侍郎陆凯私谕之曰：「至尊但欲广知古事，询访前世法式耳，终不亲彼而相疏也。」众意乃稍解。凯，馛之子也。

魏主欲自将入寇。癸卯，中外戒严。戊申，诏代民迁洛者复租赋三年。相州刺史高间上表称：「洛阳草创，曹虎既不遣质任，必非诚心，无宜轻举。」魏主不从。

久之，虎使竟不再来，魏主引公卿问行留之计，公卿或以为宜止，或以为宜行。帝曰：「众人纷纭，莫知所从。必欲尽行留之势，宜有客主，共相起发。任城、镇南为留议，朕为行论，诸公坐听得失，长者从之。」众皆曰：「诺。」镇军将军李冲曰：「臣等正以迁都草创，人思少安；为内应者未得审谛，不宜轻动。」帝曰：「彼降款虚实，诚

未可知。若其虚也，朕巡抚淮甸，访民疾苦，使彼知君德之所在，有北向之心；若其实也，今不以时应接，则失乘时之机，孤归义之诚，败朕大略矣。』任城王澄曰：『虎无质任，又使不再来，其诈可知也。今代都新迁之民，皆有恋本之心。扶老携幼，始就洛邑，居无一椽之室，食无甔石之储。又冬月垂尽，东作将起，乃「百堵皆兴」、「俶载南亩」之时，而驱之使擐甲执兵，泣当白刃，殆非歌舞之师也。且诸军已进，非无应接。若降款有实，待既平樊、沔，然后銮舆顺动，亦何晚之有！今率然轻举，上下疲劳；若空行空返，恐挫损天威，更成贼气，非策之得者也。』司空穆亮以为宜行，公卿皆同之。澄谓亮曰：『公辈在外之时，见张旗擐甲，皆有忧色，平居论议，不愿南征，何得对上即为此语！面背不同，事涉欺佞，岂大臣之义、国士之体乎！万一倾危，皆公辈所为也。』冲曰：『任城王可谓忠于社稷。』帝曰：『任城以从朕者为佞，不从朕者岂必皆忠！夫小忠者，大忠之贼，无乃似诸！』澄曰：『臣愚暗，虽涉小忠，要是竭诚谋国；不知大忠者竟何所据！』帝不从。

辛亥，发洛阳，以北海王详为尚书仆射，统留台事；李冲兼仆射，同守洛阳。给事黄门侍郎崔休为左丞，赵郡王幹都督中外诸军事，始平王勰将宗子军宿卫左右。休，逞之玄孙也。戊辰，魏主至悬瓠。己巳，诏寿阳、钟离、马头之师所掠男女皆放还南。曹虎果不降。

魏主命卢渊攻南阳。渊以军中乏粮，请先攻赭阳以取叶仓，魏主许之。乃与征南大将军城阳王鸾、安南将军李佐、荆州刺史韦珍共攻赭阳。鸾，长寿之子；佐，宝之子也。北襄城太守成公期闭城拒守。薛真度军于沙堨，南阳太守房伯玉、新野太守刘思忌拒之。

先是，魏主遣中书监高闾治古乐；会闾出为相州刺史，是岁，表荐著作郎韩显宗、太乐祭酒公孙崇参知钟律，帝从之。

